KB202362

한국어 속에 숨어있는
영어 단어 이야기

한국어 속에 숨어있는

영어 단어 이야기

초판 인쇄 2014년 7월 16일
초판 발행 2014년 7월 24일

지 은 이 조지은
펴 낸 이 박찬익
편 집 장 김려생
책임편집 박예진

펴 낸 곳 도서출판 박이정
주   소 서울시 동대문구 천호대로 16가길 4
전   화 (02)922-1192~3
팩   스 (02)928-4683
홈페이지 www.pjbook.com
이 메 일 pijbook@naver.com
등   록 1991년 3월 12일 제1-1182호

ISBN 978-89-6292-667-5 (93700)

한국어 속에 숨어있는

영어 단어 이야기

도서
출판 박이정

추천사

"욘사마, 비보이, 노빠, 키덜트족" – 몇 단어만 들으면 신기하게도 2005년의 한국 사회를 쉽게, 그리고 정감 있게 회상할 수 있다. 기다리던 책이 출간되어 참 반갑다. 우리의 언어와 사회, 그리고 나의 삶이 엮어 가는 숨 가쁘고 치열한 관계를 보여 준다. 특히 이 가운데 한국인이 영어를 요리하는 현란한 지혜는 감탄할 수밖에 없다. 세계화 시대의 우리 자화상을 언어에서 생생하게 읽어 낸다. 다음 학기 강의에서 학생들과 함께 꼭 읽고 싶은 책이다.

남승호 (서울대학교 언어학과 교수, 언어학박사)

조지은 교수님의 『한국어 속에 숨어있는 영어 단어 이야기』를 읽고 우선 놀랐다. 국외에서 이렇게 다양하면서도 생생한 우리말 신어들을 수집 · 정리하고 분석한 필자의 노력과 애정 때문이다. 또한 자료에 대한 명쾌하고도 발랄한 해석 덕분에 읽는 내내 즐거웠다. 영어 신어 속에 숨어 있는 우리 언중의 의식과 무의식에 대해 새롭게 이해하는 계기가 되었고 우리말의 창의성과 생성력이 영어와 같은 외국어와 상호 조응하면서 발휘되었으면 한다는 필자의 인식에 다시 한번 놀랐다. 우리말 신어에 대해 애정과 관심을 가진 여러 독자들께 『한숨영』을 적극 권한다.

도원영 (고려대학교 민족문화연구원 교수, 문학박사)

지난 100여 년간 한국어와 동거를 시작한 영어 단어들. 낯선 이국의 말에서 '한국어표'가 되기까지 한국어 속 영어 단어들은 어떤 길을 걸어왔을까? 이 책을 통해 우리는 한국어 속에 살아 숨 쉬는 생생한 영어 단어 이야기를 들을 수 있다. 옥스퍼드 대학의 언어학자 조지은 교수가 들려주는 스펙터클 영어 단어 한국 원정기! 한숨에 뚝딱 읽어 보자.

신지영 (고려대학교 국문과 교수, 문학박사)

조지은 교수님께서 이번에 새롭게 쓰신 이 책은 최근 활발히 연구되고 있는 말뭉치 언어학에 기반하여 한국어에서 어떠한 영어 단어가 사용되고 있는지, 어떻게 영어 단어가 한국이의 단어 형성법을 거쳐서 새로운 단어를 만들어 내는지, 그리고 이와 반대로 어떠한 외래어가 영어 단어로 새롭게 자리 잡고 있는지를 설명한 책입니다. 영어 학습에 대한 관심이 어느 때보다도 높고, 그와 동시에 한국, 그리고 한국어에 대한 국제적인 관심이 높아지고 있는 이 시기에, 계통적으로 전혀 관계없는 서로 다른 언어들이 어떠한 식으로 상호작용을 하는지 이해하는 것은 개별 언어의 학습과 올바른 이해를 위해서 필요한 과정이라고 생각합니다. 조지은 교수님의 이 책을 통해서, 영어 학습이나 한국어의 해외 보급, 또는 현재 한국어가 변화하고 있는 양상에 관심이 있으신 분들이 바로 이러한 내용에 대해서 충분히 아실 수 있게 되리라 생각합니다. 영어학이나 국어학, 언어학에 대한 사전 지식이 없이도 재미있게 읽으실 수 있는 책입니다. 일독을 권합니다.

임동식 (홍익대학교 영어교육과 교수, 문학박사)

들어가며

1. 한국어 속 영어 단어

인류의 역사에서 단어는 끊임없이 생성돼 왔고, 여전히 생성되고 있다. 그러나 단어가 만들어지고 그 단어의 생명이 유지되는 것은 아무렇게나 이루어지지 않는다. 정책적으로, 인위적으로 통제할 수 있는 것도 아니다. 그러나 살아남은 단어들, 그리고 많이 쓰는 단어들을 유심히 살펴보면, 그 속에 무시할 수 없는 숨겨진 패턴이 존재한다.

한국만큼 새로운 단어가 풍성하게 만들어지고, 또 사라지는 곳도 없을 것이다. 특히 인터넷이 대중화되기 시작한 10여 년을 전후로 국어에서는 신어가 급속도로 증가하였고, '눈뜨면 새 단어'라고 할 만큼 대한민국 국민들은 매일같이 새로운 단어를 맞닥뜨리며 살아간다. 물론, 만들어지는 단어가 많은 만큼, 많은 단어가 사라지기도 한다. 히트를 친 단어가 있는가 하면 하루살이처럼 짧게 쓰이고 소리 없이 사라진 단어들도 셀 수 없이 많다.

영국에 사는 나는 한국에 올 때마다 취미 삼아 새로 생긴 단어들을 채집해 왔다. 이 책에서 논의하는 단어들은 영어가 조금이라도 들어간 단어들, 그중에서도 최근 우리나라에서 만들어진 신어(新語)들이다. 이 단어들을 외래어나 외국어라고 부를 수도 있지만, 이 책에서는 주로 영어 단어, 영어 신어 혹은 영신어라고 줄여 부르기로 한다.

21세기, 나아가 22세기는 더 이상 고립의 시대가 아니다. 필자가 한국을 떠나던 12년 전만 해도 다문화가족이란 말은 아주 흔치 않은 말이었다. 그러나 이제는 초등학교 교실에서 이중 언어를 구사하는 아이들을 어렵지 않게 찾아볼 수 있다. 100년 전, 옥스퍼드영어사전(Oxford English Dictionary : OED)의 초대 편집장 제임스 머레이James Murray 박사는 당시 쏟아지는 신어들을 어떻게 영어에 흡수해야 할지를 두고 많은 고민을 한 끝에 가능하면 다 수용하자는 결론을 내렸다. 한국에서 만들어진 한국제 영단어들은 어떻게 보면 한국어이고 어떻게 보면 영어다. 과거에는 단어로서의 정통성(legitimacy) 문제로 소위 콩글리시가 '무시'를 받기도 했지만, 사실 이 콩글리시 단어들이 펼쳐 보이는 삶은 바로 우리의 삶이다. 우리의 삶을 잘못되었다고 할 수 없는 것처럼, 소위 한국제 영어 단어들인 콩글리시 단어들을 잘못되었다고만 말하는 것은 옳지 않다. 대신 올바로 이해하는 것이 필요하다. 오늘날 한국을 이해하고, 한국어를 이해하기 위해서, 한국에서 만들어지고 사용되는 한국제 영어 단어를 이해하는 것은 아주 중요하다.

영국에 사는 한국인인 내게 한국어 속 영어 단어들은 마치 12년 전 영국 땅을 밟은 내가 새로운 문화와 언어의 토양에 뿌리 내릴 때 겪었던 과정들을 단어의 입장에서 똑같이 겪고 있다는 생각을 하게 한다. 또 겉으로 보기에는 '같은' 단어라도 그 진정한 의미는 문화적, 사회적 맥락 안에서 결정된다는 사실을 실제로 체험하도록 해 준다. 오리엔탈(oriental)이란 단어는 한국 학생들에게는 샐러드와 드레싱을 가장 먼저 연상하게 하지만, 영국 학생들에게는 중동의 카페트 내지는 이슬람 사원을 떠오르게 했다. 우리에게 웰빙(well-being)은 긍정적이고 건강한 삶의 트레이드 마크가 된 말이다. 그러나 정작 영어에서 웰빙은 '복지' 정도로 이해가 되는 말이다. 이는 영어 단어 'well-being'과 함께 가장 많이 나타나는 단어가 'patient(환자)'라는 점에서 단적으로 드러난다. 즉, 영국 사람들은 웰빙이라고 하면 환자의 안녕(well-being)이나 병원 등을 가장 먼저 떠올린다는 것을 보여 준다.

2. 한국제(製) 영어 단어

이렇게 같은 단어가 다르게 쓰이는 것뿐 아니라, 똑같이 영어를 재료로 삼는데도 한국과 영국에서 단어를 생성하는 과정과 그렇게 만들어진 단어의 특징과 분포가 다르다. 소위 한국제 영단어들은 주로 한국어 단어의 일부나 전체를 영어 단어의 일부나 전체와 붙여서 단어를 만드는 합성이나 혼성의 방법으로 만들어지거나 한자어, 고유어의 1음절 접사에 기존 영어 단어를 붙이는 파생의 방법으로 만들어진다. 재미있는 것은 최근 들어 영어 단어 '빅(big)'이 접두사처럼 쓰이며 한자어 접두사 '대(大)'를 대체하기 시작했다는 점이다. 빅이 들어간 단어 중 고려대한국어사전에 있는 단어들은 빅딜, 빅매치, 빅뱅, 빅보드, 빅브라더, 빅시즌, 빅히트, 빅히트하다 등이다. 이외에도 빅세일, 빅사이트, 빅이벤트, 빅데이터 등의 단어가 있는데 여기서 빅을 대(大)로 교체하면 매우 어색하다.

한편, 정보 통신 강국의 언어답게 한국어에는 이 분야의 한국제 영어 신어가 많이 생기고 있다. 영어에도 해당 분야의 신어로 주지되고 있는 많은 단어들이 있으나, 그 단어의 유통과 보급면에서는 우리나라를 따라가기 어렵다. 소셜 네트워크 서비스(Social Network Service)의 약자인 SNS라는 '영어' 단어가 우리에게만큼 친숙한 곳이 지구상에 또 있을까? 한마디로, 한국 사람들은 영어로 된 신어를 만들어 내기만 하는 것이 아니라, 열심히 사용하고 보급하고 있는 것이다. 한 예로, 우리에게는 너무나 익숙한 '네티즌'이나 '네티켓' 같은 말들은 이 말들이 만들어진 영어권, 특히 영국에서는 거의 사용되지 않는다. 인터뷰에 응해 준 한 영국인 교수는 이런 단어들이 영어의 붕괴를 가져온다고 탄식하기까지 했다. 동아일보에서는 네티즌이 41,088번 언급된 것과 달리, 영국의 신문인 가디언(Guardian)에서는 동아일보의 약 0.6% 정도에 해당하는 총 260회 정도만 네티즌을 언급했다는 것이 그를 증명한다 할 수 있다.

정보 통신 분야만이 아니라, 90년대 이후부터 지금까지 신세대 문화가 일구어 놓은 신어 어휘장도 무시할 수 없다. 특히 영어의 종주국인 영국에서는 절대 못 보는 '순간 포착형 단어'들이 주목할 만하다. 마치 파노라마

사진을 찍듯 순간을 포착하는 단어들이 한국에서는 줄줄이 등장하고 있지만, 영국에서는 그렇지 않다. 예를 들면 셀카족, 디카족 등 특정한 그룹을 지칭하기 위해 쓰이는 한자 접미사 '족(族)'이 들어간 신어들이 그렇다. 이 단어들은 1994년부터 2005년까지 국립국어원 신어 조사 보고서에 68개나 등장하고 있는데, 이 중 대부분의 경우는 영어에 그에 상응하는, 지칭 가능한 그룹 명칭도 존재하지 않는다.

개화 초기에 우리는 신문물을 접하면서 그 개념에 해당하는 우리말 단어를 찾지 못해 영어 단어를 빌려다 썼다. 그러나 점차 삶이 서구화되면서, 어느 순간 우리 사회의 인프라 구조 자체에서 영어가 필수적이게 되었다. 물론 우리 식으로 우리 문화의 토양에 맞게 영어를 받아들이고 가꾸는 노력들도 있었지만 말이다.

과거에는 영어 단어를 섞어 쓰면 눈살을 찌푸리는 경우도 많았다. 그러나 요즘은 이런 부정적 시선이 덜해진 듯하다. 현재 사용되고 있는 많은 수의 영신어들은 놀라울 정도로 짧은 시간 안에 국어화되어서 더 이상 어원에 따른 새로운 느낌을 투영하지 않는 경우가 많다. 실제로도 '편리'하기 때문에 쓰는 경우가 많다. 즉, 해당 영신어가 갖는 특정한 표현적, 문맥적 의미 때문에 영신어를 선택하여 사용하는 것이다. 쇠고기 대신 비프(beef)를 쓰면, 설명을 딱히 덧붙이지 않아도 소비자로 하여금 이 요리가 서양식 요리라는 '감(感)'을 갖도록 해 준다. 가령 종로에서 카페라떼 한 잔을 마시며 책을 읽을 만한 곳을 검색해 본다고 하자. 다방을 검색하겠는가, 아니면 커피숍이나 카페, 혹은 café 를 검색하겠는가? 다방과 커피숍, 카페는 사전적인 정의에 따르면 동일하지만 각각 다른 뉘앙스를 풍긴다.

3. 변화하는 영어

영어는 변하고 있다. 제임스 머레이 박사는 옥스퍼드영어사전의 시문에서 영어가 도대체 누구의 언어인지 심각하게 질문을 던졌다. 산업혁명과 제국주의 식민지화로 '영국'의 영어가 외부의 도전을 받기 시작하는 동시에 영국 내에서도 계층 간 언어 분화가 극에 달했을 때였기 때문이다. 머레이 박사의 100년 전 우려는 결국 현실이 되었다. 영어가 더 이상 영국만의 언어가 아닌, 세계인의 언어로 탈바꿈하며 변화를 수용하고 있는 것이다.

이러한 흐름에서라면 우리나라가 영어에 우리 문화를 소개하는 단어, 나아가 한국에서 만들어진 영어 단어를 수출할 날도 멀지 않았다고 본다. 특히 한국에서 만들어지고 쓰이는, 현대 한국의 트렌드를 잘 반영한 정보통신 분야나 웰빙 관련 의식주 용어들은 문화 콘텐츠와 더불어 수출되지 않을까? 이 책에서는 현재 영미권 사전과 신문에 나타나는 우리말 단어들을 짚어 보는 것으로 이에 대한 논의를 시작해 보고자 한다.

이 책은 필자가 고민하던 주제들을 여러 학생들과 함께 토론하고 토의하여 쓰여진 결과물이다. 한국어 속의 영어 이야기를 풀어 나가기 위해서 한국의 고려대학교 학생들, 영국의 옥스퍼드 대학교 학생들과도 토론하였다. 구체적으로 2012년 겨울방학 동안 번역을 번역하기(translating translation)라는 주제로 고려대학교 학생들이 팀프로젝트를 수행하였으며, 그 결과물을 바탕으로 옥스퍼드에서는 Beer, Wine or Sake라는 세미나를 진행하였다. (이 세미나는 한국의 술 '막걸리'를 어떻게 번역하면 좋을지에 대해 학생들과 토론하던 중에 아이디어를 얻어 시작하게 된 번역학 세미나이다.)

이 책에서는 위와 같은 양방향 세미나와 팀프로젝트 이외에도, 빅데이터를 언어학에 접목하는 시도를 해 보았다. 이를 위해서 다음 소프트에서 개발한 소셜 메트릭스(Social metrics, http://www.some.co.kr)를 통해 해당 단어 속에 숨겨진 문화적, 사회적 의미를 찾아내고자 하였다. 본래 빅데이터에서 빅(big)이 갖는 이미지는 그다지 긍정적이지 않았다. 쓸데없이 양만 많고 별로 중요하지 않아 질적으로는 떨어지는, 부정적인 이미지를 은연 중에 내포하고 있었다. 그러나 정보 통신 기술의 발전과 더불어 이제는 방대한 데이터 속에서 그동안 숨겨져 있던 패턴을 찾아낼 수 있게 되었다. 무엇보다도 우리가 그럴 것이라고 '감(感)'만 잡고 살았던 것들, 혹은 그 감도 분명치 않았던 사실들을 믿을 만한 크기의 자료숲 속에서 실제적이고, 물리적인 근거를 통해 증명해 내는 역할을 한다. 뒷장에서 이에 대한 간단한 설명을 다시 덧붙이도록 하겠다.

뿐만 아니라 말뭉치, 특히 구어 말뭉치를 통해 단어의 쓰임을 분석한 뒤 실제 설문조사와 인터뷰 등의 방법으로 영신어의 언어 생태를 생생하게 포착해 보고자 노력하였다. 사전도 적극적으로 이용하였는데, 국어사전으로는 표준국어대사전과 고려대한국어대사전, 그리고 네이버 사전을 참고하였다. 영어 사전으로는 옥스퍼드영어사전과 웹스터 사전을 보았다. 더불어 1994년부터 2005년간 국립국어원에서 발행한 신어 조사 보고서와 트렌드 코리아 프로젝트에서 2009년부터 2012년 사이에 시행한 트렌드 코리아 신어 조사에 나타난 신어들을 살펴보았다. 온라인 판의 조선일보와 동아일보를 통해 각 단어의 역사를 추적해 보고, 미국 뉴욕 타임즈와 영국 가디언의 온라인 판을 통해 그 단어들이 영미권에서는 어떤 유통과 분포를 보이는지에 대해서도 살펴보았다.

이론 언어학을 전공한 필자이지만, 많은 언어학 관련 서적들이 몇 장 넘기기도 전에 어려운 용어들로 독자들의 호기심에 물을 끼얹는 것을 여러 차례 봐 왔다. 그래서 가능하면 쉽게 쓰도록 노력하였으며, 전문 용어가 필요한 경우에는 설명과 예를 달았다. 숨은 바람은 이 책이 영어를 부담스러워 하는 사람들에게도 재미있는 읽을거리가 되는 것이다. 또 이 책이 대학에서 한 학기 사회언어학이나 언어학 수업의 부교재로도 쓰일 수 있도록 각 장의 중간중간에 가능한 팀프로젝트 주제들을 예시로 제시하였는데, 우리말에 흥미가 있는 사람들이라면 한 번쯤 생각해 봐도 좋은 주제들이다.

초등학교 때 선생님께서 '한국인은 혼자선 1등인데 여럿이 함께하게 하면 잘하지 못하는 단점이 있다'라고 하셨던 것을 기억한다. 이 책에서 제시하는 모든 과제는 여럿이 함께 해 나가는 '팀프로젝트(혹은 팀플)'이다. 혼자서도 할 수 있겠지만, 여러 사람이 머리를 맞대고 시야를 넓혀 가며 시너지 효과를 낼 수 있었으면 한다. 뿐만 아니라, 내용을 통해 한국어 교육자들과 한국어를 배우는 외국인들, 그리고 더 넓은 세계로 나아가기 위해 영어 마케팅이 필요한 기업인들에게도 이 책이 쉽게 영어의 '감'을 잡을 수 있는 안내서가 되었으면 좋겠다.

이 책의 제목을 '한숨영'이라고 부르며 작업을 진행하였는데, 한숨에 다 읽을 수 있도록 짧고 쉽게 쓰고자 했기 때문이다. 20세기 언어학의 방향을 바꾼 노암 촘스키Noam Chomsky 박사는 그의 저서, '언어 이론의 최근 이슈들'이란 책에서 언어 이론의 단계를 셋으로 구분했다. 1단계는 관찰을 잘 하는 것, 2단계는 관찰한 것을 잘 기술하는 것, 3단계는 그것을 잘 설명하는 것이다. 그러나 많은 사람들은 3단계만 잘 하려고만 노력할 뿐, 1단계와 2단계를 무시해 왔다. 철학자 비트겐슈타인Ludwig Wittgenstein은

"생각하지 말고, 봐라("Don't think, look!")."라고 했다. 현상에 대한 정확한 관찰을 무시한 채 설명하고자만 하는 것은 모래 위에 집을 짓는 것과 같다. 이런 점에서 이 책의 일차적인 목적은 요즘 만들어지는 신어들을 우선적으로 구경하고 살펴보는 데 있다. 21세기 한국어 속에 영신어들에 대한 단어 스케치라고나 할까?

이 책의 자료 수집에는 고려대학교 민족문화연구원 도원영 교수님의 도움이 컸음을 밝힌다. 트렌드 코리아 자료를 제공해 준 성신여대 이준영 교수를 비롯, 트렌드 코리아팀에게도 감사를 표한다. 고려대학교 서윤정, 이재호 학생은 자료를 정리하는 데 도움을 주었다. 이미지 소싱은 이마리아 학생이 도와 주었다. 고려대학교 국문과 신지영 교수님과의 많은 대화와 토론이 이 책의 활력소와 자양분이 되었음을 밝히며 감사를 전한다. 옥스퍼드 대학교에서 Beer, Wine or Sake 세미나에 참여해 준 학생들과 고려대학교에서 〈번역을 번역하기〉 프로젝트에 참가해 준 팀원들에게도 감사를 전한다. 옥스퍼드 대학교 언어학과 박사과정 학생인 Zixi You는 중국어 관련 자료를 제공해 주었으며, Tohru Seraku는 일본어 관련 자료를 제공해 주었음을 밝힌다. 마지막으로 소셜 메트릭스의 데이터를 연구 목적으로 사용할 수 있도록 배려해 주신 다음소프트 송길영 부사장님께 심심한 감사를 표한다. 편집을 꼼꼼히 도와 준 고려대학교 박희진 조교와 박이정 출판사의 박예진 선생님께도 깊은 감사의 마음을 전한다.

빠른 생활의 속도가 가장 잘 드러나는 부분은 '말'이 아닐까 한다. 빅데이터가 주목 받고 있는 오늘날, 이 데이터들은 대부분 이미지보다는 언어로 표현되어 생성되고 있다. 그리고 언어에서 우리가 눈여겨 봐야 할 부분은 바로 단어이다. 이 책이 영어나 한국어를 배우고 이해하려는 사람들에게, 그리고 빠르게 변화하는 오늘날의 사회를 이해하는 데 도움이 되길 바란다. 이제 이런 영신어들을 구경하러 떠나 보자.

독자를 위한 작은 설명

빅데이터란 무엇인가? 우리의 논의에 어떻게 적용할 수 있는가?

▶ 데이터는 결코 잠을 자지 않는다

출처 : http://www.visualnews.com/2012/06/19/how-much-
data-created-every-minute/

우리는 데이터의 홍수 속에 살고 있다. 위의 그래픽 '데이터는 결코 잠들
지 않는다(Data never sleeps)'는 얼마나 많은 데이터가 우리 삶 속으로

쏟아지고 있는지를 보여 준다. 한때는 어느 분야든 양적으로 많은 데이터보다는 질적으로 중요한 소수의 데이터에 주목하여 학문적 논의를 전개했었다. 싼 게 비지떡이라고 날카로운 직관을 보여 주는 한두 데이터가 단순히 많은 양의 데이터보다 더 소중하게 여겨졌던 것이다. 그러나 이러한 관점은 많은 데이터를 분석하고 처리할 수 있는 기술이 과거에는 없었기 때문에 생긴 것으로 볼 수도 있다. 다시 말해, 과거에는 데이터가 많아도 그것을 처리해 의미를 캐내기가 용이치 않았기 때문에 문제였다. 그러나 최근에는 산처럼 쌓여 있는 이 데이터들이 말해 주는 바를 정확하게 집어낼 수 있는 데이터 혹은 텍스트 마이닝(mining) 기술이 발전하게 되었다. 이 책에서는 소셜 메트릭스에서 제공하는 빅데이터와 데이터 마이닝 기술을 사용하여 한국어 속에 영어 단어들이 어떤 의미를 갖고, 어떻게 분포하는지 살펴보려고 한다.

▶ 데이터 속에서 보물을 찾는 데이터 광부(miner)

2013년 3월을 기준으로, 국내 트위터에서 하루 동안 생성되는 트윗은 500만 건, 블로그에 블로거들이 한 달간 올리는 포스트는 1000만 건에 이른다. 이처럼 소셜미디어를 통해 엄청나게 쏟아지는 정보들로부터 의미를 찾아내는 기술이 바로 텍스트 마이닝(text mining)이다. 이 기술의 핵심 요소는 자연언어 처리 기술인데, 자연언어는 인간의 심리, 행동과 관련된 복잡한 현상으로 자동적인 분석이 매우 어렵다. 중의성으로 대표되는 비결정적 속성 때문이다. 따라서 효과적인 자연언어 처리를 위해서는 잘 구성된 규칙적 알고리즘과 함께, 사전으로 대표되는 방대한 언어 자원과 통계 정보 등으로 대표되는 경험적 데이터의 활용이 필수적이다.

　　다시 말해, 텍스트 마이닝이란 하나의 문서만으로는 발견할 수 없는 정보를 찾고 조직화함으로써 그들 간의 관계나 패턴, 트렌드 등을 찾는 기술이다. 그리고 이를 위해서는 자연어 처리를 바탕으로 한 정보의 추출, 분류, 군집화와 같은 기술들이 이용된다. 최근에는 엄청나게 많은 양의 데이터 처리를 위해 클라우드 컴퓨팅 기법까지 쓰이고 있다. 또한 산업계에 실제로 적용 가능한 시스템의 구축을 위해 다양한 분야의 인물, 장소, 조직, 사건 등의 개체명 사전, 사물과 상황에 대한 주관적 평가의 표현에 사용되는 속성어와 감성어 사전 등 방대한 언어 자원을 구축하여 활용하고 있으며, 이들 자원은 지속적으로 확장되고 있다.

　　국내의 경우, 다음소프트에서 소셜미디어의 데이터를 포함한 대량의 텍스트로 이루어진 빅데이터의 분석에 자연어 처리 기술과 방대한 언어 자원을 적용하여 소셜 메트릭스 서비스를 제공하고 있다. 이 서비스는 데이터를 분석한 결과를 바탕으로 소비자의 행동과 표현의 맥락을 파악한 뒤 인사이트 보고서를 제공하며, 이는 기업의 마케팅, 브랜딩, 커뮤니케이션, 신제품 개발을 위해 활용된다. 이 책에서는 이 소셜 메트릭스를 사용하여 빅데이터가 어휘 연구에 어떻게 사용될 수 있는지를 시험해 보고자 하였다.

코퍼스(혹은 말뭉치)란 무엇이고, 또 우리 연구에 어떻게 적용할 수 있는가?

지난 반세기 이상의 시간 동안 인간 언어에 대한 주요 담론은 대부분 머릿속에서 이뤄졌다고 해도 과언이 아닐 것이다. 노암 촘스키 박사는 인간 언어의 본질이 되는 지식을 알아내는 데, 실제 데이터를 하나하나 파헤칠 필요는 없다고 주장했다. 데이터가 너무나도 방대하고 다양하며, 개중에는 실수로 나온 말들이나 동일한 말들도 많기 때문이다. 그러나 이러한 연구 사조는 지난 20년간 끊임없는 도전 속에 새롭게 변화되어 가고 있다. 머릿속에서 예측하는 것으로 끝낼 것이 아니라, 우리의 직관이 실제 말로 어떻게 표현되는지를 봐야 한다는 경험론자들의 주장이 세를 얻고 있다. 스탠퍼드 대학의 저명한 언어학자 조안 브레스넌Joan Bresnan 교수는 머릿속 아이디어만 보지 말고, 자연스러운 실제 상황에서 데이터, 말이 어떻게 만들어지는지를 보라고 말했다.

> *What is needed are data from language as it is in ecologically natural settings and better models for understanding it.(Bresnan, 2007)*

이런 변화의 물결 속에서 주목을 받고 있는 언어학의 물줄기는 코퍼스 (coupus) 내지 말뭉치 언어학이다. 코퍼스는 쉽게 말해 다양한 분야에서 사용되는 언어의 데이터를 골고루 뽑아 저장해 놓은 창고 같은 곳이다. 이 말의 창고에서 언어학자들은 언어의 패턴과 그 특징을 찾아내고, 이를 통해서 얻은 직관으로 인간 언어의 본질을 파악하고자 한다.

목차

I

영어, 영어, 그리고
또 영어

영어, 영어, 그리고 또 영어

　유럽에는 중국 열풍을 필두로 한 아시아 열풍이 불고 있다. 그도 그럴 것이 요즘 유럽을 찾는 관광객의 대부분이 중국인들이기 때문이다. 반대로 아시아에서는 유럽 열풍이 불고 있다. 일례로 온라인 신문 스포츠난에 '축구'를 검색하면, 우리 축구에 대한 기사보다 유럽 축구를 다룬 기사들이 먼저, 그리고 훨씬 더 많이 나오고는 한다. 유럽 축구에 대한 한국의 젊은 세대들의 관심을 볼 수 있는 대목이다.

　그러나 영어 열풍이야말로 그 어떤 것보다 아시아에 부는 서구 열풍의 선두 주자라 할 수 있을 것이다. 그리고 이 영어 열풍은 인도나 파키스탄, 홍콩, 싱가포르처럼 이미 영어를 모국어처럼 사용하는 국가들이 아닌, 한국이나 중국, 일본 등 영어와 거리감이 느껴지는 국가에서 일어나고 있어 주목할 만하다.

　1985년 영어 학자 카추루Braj Kachru 박사는 '영어의 모델'이란 논문에서 당시의 모국어, 제2언어 또는 외국어로서의 영어 사용 여부를 기준으로 영어 사용권을 구분하였다. 이때 한국과 중국, 일본은 가장 영어와 거리가 먼 확장군(Expanding circle)에 속하는 국가들이었다.

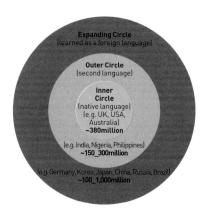

그림1. 영어 사용권의 3단계 분류 : Kachru (1985)

그러나 28년이 지난 지금, 동아시아의 3국은 세계 그 어떤 곳보다 영어에 많은 관심을 기울이고 있는 국가가 되었다. 그림 1의 가운데 부분인, 영어 사용권의 중심에 놓여 있다고 해도 될 만큼 양적으로나 질적으로나 그 열정과 투자가 굉장하다.

특히 세계는 중국의 변화에 주목하고 있다. 한자 문화권의 중심이었던 중국은 최근까지도 영어의 침입(?)을 환영하지 않았다. 중국 정부는 영어가 무분별하게 섞여 들지 못하도록 모든 것을 철저히 중국어로 '번역'하는 정책을 펼쳤다. 그러나 기성세대들에게 어느 정도 통하였던 이 정책은 1990년대를 거치면서 정보 교류의 양이 급증하자 힘을 잃어 가고 있다. 그 많은 정보를 도대체 누가 다 번역을 할 수 있겠는가? 더구나 중국의 젊은 세대가 영어를 중국화하지 않고 있는 그대로 흡수하자는 데 표를 던지기 시작했다.

한편 우리나라의 경우, 120년 정도의 짧은 기간 내에 영어를 수입했다. 그러나 단기간 내에 받아들이기에, 언어학적으로 한국어와 영어는 구조적인 면에서 꼭 거울로 비춘 것처럼 정반대인 점들이 많다. 예를 들면 어순이 그렇다. 영어는 동사가 상대적으로 문장의 앞쪽에 나타나는 소위 동사 전치 언어인데, 한국어는 동사가 마지막에 오는 동사 후치 언어이다. 또한 영어에서 문장의 성분은 그 성분의 위치에 따라 결정되는 데 반해, 한국어는 어떤 조사와 나타나는지가 성분 결정에 중요한 역할을 한다. 그 때문에 한국어를 교착어(膠着語)라고 부른다. 어휘적인 차이는 말할 것도 없다. 한자 문화권에 2,000년이 넘도록 속해 있던 한국어와 인구어(印歐語)의 게르만 어파에 속하는 영어 사이에 교집합으로 묶을 수 있는 단어는 전혀 없다. 물론 문화적으로도 공유점을 찾기가 어렵다.

그렇다면 영어 단어들이 한국어에 효과적이고 빠르게 자리를 잡고 영향력을 키워 나갈 수 있었던 계기는 무엇일까? 가장 큰 계기는 짧은 기간 내에 사회 전반에 걸쳐 진행된 서구화일 것이다. 한국의 서구화는 상상 이상의 속도로 사회 대부분의 영역에 고르게 일어났고 그 결과, 기술을 사용하기 위해선 영어를 배제하기 어려운 인프라 구조가 구축되었다. 이와 더불어 수입된 영어 단어들을 우리 단어의 소리 구조에 맞게 새롭게 단어화하는 조어 전략 역시 영어의 빠른 정착을 돕는 계기가 되지 않았을까 한다. 이에 대해서는 뒤에서 다시 살펴보기로 하자.

1. 2013년, 멘붕의 시대를 살아가며

멘붕 – 도대체 무슨 뜻인가?

멘붕? 이게 도대체 무슨 의미일까? 인적이 드문 시골에 살거나 외국 생활을 하고 돌아왔다면 한국인이라 해도 최근 한국에서 즐겨 쓰이는 이 단어에 갸우뚱하지 않을 수 없다. 아니, 인터넷이 없는 세상에서 잠시만 '잠수를 타다' 왔어도 이 단어의 뜻을 추리하기 어려울 것이다.

사실 멘붕은 아주 최근에 만들어진 신조어다. 2012년 2월 6일, 동아일보에 멘붕이라는 말이 쓰인 기사가 실렸다. 한 아나운서가 입춘대길(立春大吉)에 해당하는 한자어에 오자(誤字)를 사용한 것을 두고 민망한 심정을 '멘붕'이라는 단어로 표현했다는 기사였다. 기사에는 '멘붕'이란 '멘탈 붕괴'의 약자로 혼란스러운 심리 상태를 칭하는 인터넷 용어라는 간단한 설명이 덧붙어 있었다. 멘붕이 어떤 의미인지 기존에 나와 있는 국어사전에서는 정의를 찾을 수 없다. 이용자들이 직접 데이터베이스를 구축해 나가는, 포털 사이트 네이버의 지식iN 오픈국어에만 '최근에 등장한 신조어로, 당혹스럽거나 창피한 일을 당했을 때, 그런 상황을 받아들이지 못하고 정신이 나간 듯한 표정을 짓거나 행동을 하는 것을 멘탈(mental: 정신)이 붕괴되었다고 표현한다'고 설명되어 있다. 그러나 이 단어는 지난 2년간 동아일보에는 545건, 조선일보의 스포츠, 연예 섹션에는 719건 등장하였다. 어느 모임에선가 현재 우리나라의 상태를 가장 잘 꼬집는 말이 멘붕이라고 하는 말을 듣기도 했다. 소셜 메트릭스에서 2013년 7월 1일에서 10월 1일 사이에 이 단어의 추이를 살펴보니, 우선 온라인에서 만들어진 단어답게 블로그에서 60,367번, 트위터에서 238,427번이나 사용되었다. 이 단어와 함께 쓰인 감성어 중 고빈도 단어들로는 충격, 진심, 미치다, 다행, 심하다, 짜증나다, 크다, 울다, 좋다, 겁나다 등이 있었다. 부정적인 의미로 생성된 단어지만, 함께 쓰이는 감성어들 가운데 긍정적인 것들이 있으며 실제로 긍정적인 맥락에서 쓰이는 경우도 발견된다.

　과거에는 한국 사람이라면 대개 비슷한 한국어 어휘장을 가지고 있었다. 때문에 사전이라는 플랫폼이 우리가 공유하는, 보편적 단어 지식의 저장소로서 그 역할을 충실히 해 주었다. 그러나 이제는 지속적이고 즉각적인 업데이트가 어려운 사전이 그 기능을 도맡기에 어려운 상황이 되었다. (종이 사전에 해당하는 말로 들리지만, 아직까지 대부분의 온라인 사전도 업데이트와 수정이 생각처럼 쉽게 이뤄지지 않는다.) 짧은 시간 내에 엄청난 양의 단어들이 생성되면서, 사람들은 사전이 아닌, 다른 경로를 통해 그 단어들을 만나고 의미를 찾아가기 시작했다. 그리고 보편적 단어 지식의 저장소가 사라진 이 과정에서 요즘의 한국인들은 개개인마다 크기도 성격도 다른 어휘장을 갖게 되었다.

소셜 미디어와 신어 : 당신은 새로운 단어를 어디서 어떻게 접하십니까?

　사실 우리말은 우리가 자각하지 못한 사이에 생각 이상으로 변했다. 구체적으로, 단어가 변했다. 많은 단어들이 생기고 사라졌으며, 동시에 단어들의 의미나 쓰임이 과거와는 달라졌다. 과거에는 교육 수준 등에 따라 신어나 영어 단어의 사용 여부가 결정되기 쉬웠다. 그리고 주로 책이나 글, TV가 새로운 단어, 특히 영단어를 접하는 통로가 되었다. 실제로 필자의 기억 속에 남는 엔도르핀과 재테크, 따봉과 같은 단어들은 80년대 후반과 90년대에 걸쳐 인기를 얻었던 TV 공개 강좌를 통해 우리말 어휘장에 소개 되었다.

그러나 2013년을 사는 한국인, 나아가 세계인들은 각자 노출되거나 연 결되어 있는 소셜 혹은 매스미디어에 따라 어휘를 사용하는 모습이 달라 지는 것 같다. '당신은 새로운 단어를 어디서 가장 많이 접합니까?' 라는 질문으로 20명가량과 샘플 인터뷰를 해 보았다. 이에 젊은 세대들은 트위 터나 블로깅을 통해 신어를 접하는 한편 기성세대들은 책이나 신문, 잡지, TV 광고, 뉴스, 인터넷 그리고 자신들의 아이들을 통해 신어를 접한다고 대답하였다. 약간 과장하자면 어린 아이들은 애니메이션을 보고 젊은이 들은 페이스북(Facebook)이나 카카오톡(KakaoTalk) 등을 비롯해 여러 가지 블로깅을 하면서, '아줌마'들은 아침 드라마를, '아저씨'들은 신문과 뉴스를 보고 들으면서 세상과 새로운 단어들을 만난다고 할 수 있다. 네트 워킹의 수단이 되는 매체가 알게 모르게 우리의 어휘장에 큰 영향을 주는 것이다.

이 책에 나오는 단어들을 뽑아 시험을 본다면 당신은 몇 점이나 맞을 수 있다고 생각하는가? 한국어는 우리말이지만 시간이 갈수록 낯선, 정체불 명의 언어가 되어 가고 있다. '멘붕'처럼 영어를 기반으로 최근에 만들어진 신어들은 한국어와 영어를 모두 잘 안다고 해도 얼른 의미를 파악하기 어 려운 경우이다. 우리는 이런 단어들에 어떻게 접근해야 할까?

그림2. 애니메이션 보는 아이들, 카카오톡을 하는 젊은이들,
신문을 보는 아저씨들, 드라마 보는 아줌마들

　실제로 필자는 2012년 12월에 멘붕이라는 단어를 처음 듣고 그 뜻을 파
악하는 데 어려움을 겪었다. 이렇듯 한국에서 살고 있는 한국 사람들이라
할지라도, 급격하게 변하는 한국 사회의 흐름을 잠시라도 따라가지 못하
면 모르는 단어들이 금세 수두룩해질 것이다.
　그러나 이러한 문제나 고민은 우리가 영어를 처음 수입하던 120년 전에
도 똑같이 존재했다. 타임머신을 타고 1937년의 서울로 날아가 보자.

2. 1937년, "요새 新聞에는 英語가 많아서 도모지 알아볼 수가 없다"

1905~1937년, 단어의 빅뱅?

다음은 이종극 선생이 발행한 우리나라 최초의 외래어 사전에서 발췌한 글이다.

> "요새 新聞에는 英語가 많아서 도모지알아볼수가없다"는 不平비슷한말을 나는 여러사람의입에서 흘러나오는 것을 들었다. 實로現代 (더욱最近十年以來)는 '外國語闖入時代'란 이름을 붙일만큼外國語가闖入하고 있다. 新聞이란新聞雜誌란雜誌는 모두 外來語를混織한다. 소위 모더니즘의 文人墨客들은 다투어 外國語를移植하며 때로는 거의思慮없이羅列한다. ·········중략········· 오늘의쩌널리스트는外來語를쓰지않고는記事한 줄못 쓸 形便이다. 그러므로 나날이 나오는外來新語는그 뒤를 끊지 아니하며 따라서 늘어가는 그 數 는 實로壓倒的이다.
>
> ― 모던朝鮮外來語辭典 (1937년 李鍾極著) 自序에서 발췌

지식인 최익현은 목은 잘라도 머리카락은 자를 수 없다며 서양 문물과 문화의 수용을 완강히 거부했다. 당시 흥선대원군은 전국 곳곳에 척화비를 세워 서양 오랑캐에 대한 개항은 나라를 망하게 하는 길임을 천명하였다. 그러나 그 와중에도 우리나라는 마치 진공청소기처럼 순식간에 영어를 흡입하기 시작했다. 이종극 선생의 개탄이 영어를 공식적으로 수입한

지 약 30년 만에 나왔다는 것이 놀라울 정도의 속도였다. 교통이나 통신이 발달했거나 책, 문서의 출판이 수월했던 것도 아닌 시절에 어떻게 그런 일이 일어났을까?

사실 이러한 '놀라움'은 당시 문헌을 살펴볼 때, 비단 언어만이 아니라 삶의 구석구석에서 발견된다. 다음 글은 구한말 영국인 탐험가인 이자벨라 비숍Isabella Bird Bishop이 쓴 '한국과 그 이웃(Korea and her Neighbors)'에서 발췌한 부분을 해석한 것이다. 이 글이 쓰인 때가 1897년인 것을 감안하면, 조선이 국가적 차원에서 개항을 결정하고 단행하기 이전부터 서구 문화가 일반인의 삶 속에 이미 급속도로 퍼져 나가고 있었음을 알 수 있다.

사치스러운 외제품들, 예를 들면 프랑스산 시계와 독일산 거울, 외제 담배와 벨벳이 감싸진 의자 따위의 유행은 젊은 부자들 사이에서 급속도로 퍼져 나갔다. 돈을 쓰고 싶어 안달인 재산가들 앞에서 한국적인 소박함은 점차 자리를 잃어 가고 있었다. 그들은 낭비를, 그야말로 이기적인 소비의 한 예를 보여 주고 있었다. 어디서나 새로 지은 멋진 저택들은 돈을 있는 대로 퍼 부은 티가 났다. 나는 그저 나의 작은 배로 돌아와 다시 소박하게 살게 된 것에 기뻐했다. '삶은 수수하게, 생각은 고급스럽게'라는 말을 지킬 수 있길 바랄 뿐이었다.*

---

* This rage for French clocks, German mirrors, foreign cigars, chairs upholstered in velvet, and a general foreign tawdriness is spreading rapidly among the young "swells" who have money to spend, vulgarizing Korean simplicity, and setting the example to those below them of an extravagant and purely selfish expenditure. The house, with its many courtyards, was new and handsome, and money glared from every point. I was glad to return to the simplicity of my boat, hoping that with the "plain living, high thinking" might be combined! (Bishop 1897, p. 90)

서울처럼 변화가 빠르게 일어난 지역이 아닌 곳에서 개항이 되기 이전부터 이미 공식적으로 프랑스산 시계와 독일산 거울, 외제 담배가 발견되었다는 것이 놀랍다. 아무튼 19세기 말에서 20세기 초의 당대 지식인들에게 영어 수입과 서구화는 가장 중요한 화두 중 하나였다. 그리고 새롭게 받아들인 사상과 문물의 이름을 어떻게 지을 것인가는 중요한 숙제였다. 개화기 당시 들어온 영어 단어의 대부분은 종래에 없다가 소개된 서양 문물이나 사상의 '이름'들이었다. 언어학에서는 이와 같은 차용을 문화적 차용(cultural borrowing)이라고 한다. 이에 반해, 이미 해당하는 단어가 존재함에도 차용이 일어나는 경우를 중심적 차용(core borrowing)이라고 부른다(Myers-Scotton, 2006, pp. 209~212). 영어가 정착하기 시작했던 개화기에는 영단어 대부분이 문화적 차용의 형태로 한국어에 유입되었다. 그러나 2013년 현재 한국어 속의 영어 단어들을 살펴보면, 중심적 차용이 훨씬 더 빈번하다는 것을 볼 수 있다.

박영섭(1997)은 개화기 어휘 연구에 중요한 데이터베이스를 제공한다. 특히 외래어편에는 개화 초기에 어떤 단어들이 수입되었는지 소개하고 있다. 개화기 수입어는 특정한 한 영역에 국한되어 있지 않다. 국명이나 지명, 인명을 비롯하여 새로 소개된 동식물이나 조류, 의복, 음식, 인칭, 종교어는 물론, 특정 분야의 전문어나 도량형 단위까지 모든 영역에 걸쳐 있다. 당시에 수입되어 우리말에 뿌리를 내린 외래어 단어들을 한번 살펴보자.

> 가방, 고무, 가스, 플랫폼, 다이나마이트, 다이아몬드, 메달, 모르핀, 바이올린, 벤치, 시멘트, 스케이트, 스케치북, 스펀지, 알루미늄, 알코올, 잉크, 콘크리트, 피아노, 필름, 하모니카, 넥타이, 리본, 커피, 버터, 샴페인, 아이스크림, 쵸콜렛, 코코아, 라마, 마태복음, 마호멧, 몰몬, 아멘, 예레미아, 요한복음, 아세아, 이슬람, 히

브리, 그램, 킬로미터, 갤론, 톤, 달러, 루블, 미터, 센트, 센티미터, 실링, 야드, 에이커, 온스, 인치, 카라트, 파운드, 나트륨, 바빌론, 아스팔트, 아시아, 앵글로색슨, 에스키모, 올림픽, 잉카, 칼슘, 콜레라, 퉁구스, 헬레니즘, 히브리즘

이 단어들은 적어도 100년이 넘는 역사를 갖고 있다고 할 수 있는 만큼, 대체할 수 있는 다른 우리말 단어를 생각하기 어려운 경우가 대부분이다. 플랫폼이나 커피 등을 대신할 수 있는 우리말을 생각할 수 있는가?

아이스크림을 얼음과자로 바꾸어 부르던 시기도 있었지만, 이제 더 이상 그렇지 않다. '아시아'라는 단어는 그러한 점에서 흥미롭다. 개념이 처음 형성되면서 이를 지칭하는 이름이 영어에서 만들어진 뒤, 그 단어가 다시 역으로 '아시아' 본토에 음역되어 소개되었기 때문이다. 아시아라는 말은 아시리아 어에서 기원하였는데, 1634년 발행된 토마스 허버트Thomas Herbert의 책에 Asiatic이라는 형태로 쓰였던 것이 옥스퍼드영어사전 예문에 처음 등장하였다.

반면에, 아래 단어들처럼 고유어나 한자어를 이용한 대체어가 생긴 수입어들도 있다. 이 과정에서 수입된 영단어와 새롭게 만들어진 대체어의 의미가 분화되기도 했고, 의미 자체는 달라지지 않았지만 사용되는 문맥이 달라지기도 했다. 다음 단어의 쌍들을 살펴보자. 앞이 처음에 수입했

로맨틱-낭만적, 램프-등, 스펙트럼-범위, 테이블-탁자, 파이프-담뱃대, 펌프-양수기, 프로펠러-추진기, 오렌지-귤, 스커트-치마, 그리스도-기독교, 바이블-성경, 사탄-악마, 가톨릭교-천주교, 크리스마스-성탄절, 마이너스-빼기, 밀리언-백만, 콤마-쉼표, 플러스-더하기, 레벨-수준, 박테리아-세균, 소피스트-궤변가, 아카데미-학술원, 에너지-힘, 파노라마-전경, 풋볼-축구

턴 단어, 뒤가 이후 새로 만들어진 단어다.

로맨틱과 낭만적, 크리스마스와 성탄절은 양쪽이 모두 많이 쓰이는 단어들이다. 플러스와 마이너스 역시 더하기와 빼기로 대체되었지만 여전히 많이 쓰는 말이다. 그러나 아카데미와 학술원의 경우, 의미가 분화되었다. 아카데미는 사전적으로 고등 학술 기관을 의미하지만, 실제 우리말에서는 학원을 의미하는 말로 쓰일 때가 많다. 오렌지와 귤 역시 의미가 분화된 경우인데, 두 단어는 사전적 의미만으로는 그 차이를 찾아내기 힘들다. 하지만 오렌지와 귤의 차이를 모르는 한국 사람은 별로 없을 것이다. 대부분의 한국인들은 '오렌지'로는 미국 등지에서 수입되어 온 귤보다 크고 껍질을 까기 힘든 귤과의 과일을, '귤'로는 껍질을 까기 쉬운 작은 밀감 열매를 떠올릴 것이다. 사실 영어에는 우리나라 '귤'에 해당하는 단어로 satsuma, clementine, tangerine이 있지만 이 셋의 차이점을 아는 사람도 없거니와 구분해서 쓰지도 않는다.

음 따라 뜻 따라

수입한 외국어 단어를 표기하는 방법에는 크게 소리를 따라 표기하는 음역(transliteration)과 뜻에 맞추어 표기를 하는 번역(translation)이 있다. 예외도 많지만 영어 단어가 우리말로 유입될 때는 대개 고유명사, 이름의 경우에는 가능한 음역을, 그 이외의 단어들은 번역을 하는 것이 일반적인 원칙이었다.

그러나 영어 고유명사의 대부분은 우리말에서의 발음되는 것보다 중국어나 일본어에서 나는 발음을 따라 표기되는 것이 많다. 대표적인 예로 지명이 그렇다. 만일 외국의 지명을 우리 학자들이 우리말에 가장 근사하게 음역했다면 후에 표기에서 생기게 되는 많은 혼란을 막고 원음에 더 가까운 표기를 할 수 있었을 텐데, 아쉬운 부분이다. 하지만 '한글 표기'가 도입된 시기 자체가 1894년 갑오경장 전후이고, 당시 통일된 한글 맞춤법이 부재하였던 것을 감안하면 어쩔 수 없는 일이었다. 참고로 한글 맞춤법 통일안이 공표된 것은 1933년이다.

역사적으로 살펴보면, 뜻을 중요하게 여기고 영어 단어를 번역을 하여 수입하는 것이 대세였다. 아마 동도서기(東道西器)나 화혼양재(和魂洋才)의 정신의 영향이 아니었을까? 필요에 의해 어쩔 수 없이 단어를 수입하였으나, 혼(魂)만큼은 고유어나 한자어로 붙어넣어야 우리 땅에 쉽게 뿌리내리고 진정한 우리 단어가 될 수 있을 거라는 숨은 믿음에서 기인한 것이 아닐까 한다.

50년대부터 90년대 이전까지의 외화를 살펴보면, 대부분 번역된 제목으로 상영되고 있음을 알 수 있다. 반면 90년대 이후로는 영어 단어를 음역하여 표기한 외화 제목이 많아지고 있다. 강범모(2008)에 이에 대한 논의가 진지하고 자세하게 되어 있다. 참고하길 바란다.

그림3. 로마의 휴일 (1953)

그림4. 퍼시픽 림 (2013)

이 파트에서 우리는 멘붕 이야기로 영어 단어에 대한 논의를 시작했다. 그리고 1937년 범람하던 영어에 대한 이종극 선생의 개탄과 함께 120년의 짧았던 영어 단어 수입사를 간단하게나마 되짚어 보았다. 그러나 사실 우리가 서양과 영어를 만날 수 있던 계기는 그 이전에도 있었다.

3. 1653년, 하멜을 환영했다면……

　19세기 말, 국제 정세가 변화하였다. 그리고 이 격동기에 쇄국(鎖國)은 우리 역사에 시련을 가져오는 계기가 되었다. 그런데 우리는 항상 고립되어 살기만을 주장하며 살았을까? 조선조 이전, 신라와 고려 시대에는 아라비아 상인과도 교역을 했다는 기록이 있을 정도로 외국과의 교류가 비교적 자유로웠다. 그러나 소중화(小中華)의 이상 속에 살던 조선은 그렇지 않았다. 네덜란드 상인과의 교역, 명치유신(明治維新) 등을 통해 일찍이 개항을 하며 서구의 문물을 받아들인 일본과 달리 조선은 서구의 문물을 배척하고 무시하였다. 그러한 조선의 태도는 1653년 네덜란드 선원 출신 하멜Hendrik Hamel이 기록해 둔 표류기와 동시대 실록에 잘 나타나 있다. 만약 조선의 선각자들이 하멜 일행을 환영하며 그들의 선진 기술을 배우고자 했다면, 오늘날 우리는 어떻게 달려져 있을까?

그림5. 조선에 내린 하멜 일행 ('하멜의 일기 1653~1666'에서 발췌)

다음은 조선왕조실록에 나타난 그 당시의 기록이다. 밑줄은 필자가 친 것인데, 이를 보면 조선 조정의 하멜 일행에 대한 태도가 잘 보인다.

제주 목사(濟州牧使) 이원진(李元鎭)이 치계(馳啓)하기를, "배 한 척이 고을 남쪽에서 깨져 해안에 닿았기에 대정 현감(大靜縣監) 권극중(權克中)과 판관(判官) 노정(盧錠)을 시켜 군사를 거느리고 가서 보게 하였더니, 어느 나라 사람인지 모르겠으나 배가 바다 가운데에서 뒤집혀 살아남은 자는 38인이며 말이 통하지 않고 문자도 다릅니다.

배 안에는 약재(藥材)·녹비(鹿皮) 따위 물건을 많이 실었는데 목향(木香) 94포(包), 용뇌(龍腦) 4항(缸), 녹비 2만 7천이었습니다. 파란 눈에 코가 높고 노란 머리에 수염이 짧았는데, 혹 구레나룻은 깎고 콧수염을 남긴 자도 있었습니다. 그 옷은 길어서 넓적다리까지 내려오고 옷자락이 넷으로 갈라졌으며 옷깃 옆과 소매 밑에 다 이어 묶는 끈이 있었으며 바지는 주름이 잡혀 치마 같았습니다.

왜어(倭語)를 아는 자를 시켜 묻기를 '너희는 서양의 크리스챤[吉利是段]인가?' 하니, 다들 '야야(耶耶)' 하였고, 우리 나라를 가리켜 물으니 고려(高麗)라 하고, 본도(本島)를 가리켜 물으니 오질도(吾叱島)라 하고, 중원(中原)을 가리켜 물으니 혹 대명(大明)이라고도 하고 대방(大邦)이라고도 하였으며, 서북(西北)을 가리켜 물으니 달단이라 하고, 정동(正東)을 가리켜 물으니 일본(日本)이라고도 하고 낭가삭기(郞可朔其)라고도 하였는데, 이어서 가려는 곳을 물으니 낭가삭기라 하였습니다." 하였다.

이에 조정에서 서울로 올려 보내라고 명하였다. 전에 온 남만인(南蠻人) 박연(朴燕)이라는 자가 보고 '과연 만인(蠻人)이다.' 하였으므로 드디어 금려(禁旅)에 편입하였는데, 대개 그 사람들은 화포(火砲)를 잘 다루기 때문이었다. **그들 중에는 코로 통소를 부는 자도 있었고 발을 흔들며 춤추는 자도 있었다.**
– 조선왕조실록 효종 4년 8월 6일

이웃 나라 일본의 경우, 조선과 달리 네덜란드와 교역하며 서양 문물을 일찍이 받아들이면서 비슷한 시기에 난학(蘭學)을 꽃피웠다. 그 시대에 일본에 들어와 뿌리를 내리게 된 단어들을 살펴보면 다음과 같다. 대괄호 안의 숫자는 문헌에서 해당 단어가 발견되기 시작한 해이다.

- **의학 및 과학 기술 관련 단어** : 코레라(コレラ) 'cholera' [1793], 페스토(ペスト) 'Plague, Black Death'[1829]
- **음식과 주류 관련 단어** : 코히(コーヒー) 'coffee' [1615], 비루(ビール) 'beer' [1724]
- **재료 관련 단어** : 가라스(ガラス) 'pane of glass' [1763], 고무(ゴム) 'rubber' [1822]
- **엔터테인먼트 관련 단어** : 오루구르(オルゴール) 'music box' [1803], 단스(ダンス) 'dance' [1831]
- **선박 관련 단어** : 데끼(デッキ) 'deck' [1857]
- **외화 관련 단어** : 도루(ドル) 'dollar', 폰도(ポンド) 'pound' [1822]
- **지명** : 도이츠(ドイツ) 'Germany' [1725]

과학이나 의학 관련 단어들은 소위 상류층에 속하는 소수에 의해 주로 쓰였다면, 음식이나 재료, 엔터테인먼트와 관련된 단어들은 일상 속에서 대중적으로 퍼져 나가기 시작했다. 우리말에서 19세기 말에 등장한 커피에 해당하는 코히(コーヒー)가 17세기 초에 등장한 것이 주목할 만하다. (Irwin, 2011 참고) 더불어 우리가 사용하는 대부분의 과학 용어들이 네덜란드에서 일본에 정착한 것을 우리가 재수입한 것들인 것 또한 눈여겨볼 만하다.

19세기 말에서 20세기 초는 문화적으로나 언어적으로나 우리에게 충격

그 자체인 시기였을 것이다. 그러나 충격과 그에 대한 대처, 고민은 비단 우리만의 문제가 아니었다. 속도와 방법의 차이가 다소 있기는 하지만 우리의 이웃들, 특히 중국과 일본도 같은 과정을 겪어야 했다.

4. 한중일 - 문화 공동체, 언어 공동체

앞서 언급하였듯 동아시아사에서 20세기 초는 그야말로 충격의 시대였다. 그렇다면, 한자 문화권에 속해 있던 한국, 중국, 일본 3국은 언어와 문화의 충격에 어떻게 대응했을까? 특히, 영어에 어떻게 대처했을까? 우선, 영어의 유입에 대해 어떤 입장을 취해야 할지 ─ 환영해야 할지, 배척해야 할지 찬반 양론이 팽팽하게 대립하였다. 개중에는 극단적인 주장도 있었다. 일본의 경우, 19세기 말 모리 아리노리Mori Arinori라는 학자는 일본 고유의 문자인 히라가나나 가타카나 대신 로마자를 쓰고, 영어를 모국어로 받아들이는 것이 일본의 나아갈 길임을 주장하기도 했었다(Parker Hall, 1973).

그림6. 자전거를 처음 본 구한말 한국인들 : 어떻게 이름 지었을까?(정성화, 로버트 네프, '서양인의 조선살이 1882-1910 : 구한말 한국에서 체류했던 서양인들의 일상', 서울:푸른역사, 2008, 174쪽에서)

번역하는 중국 - 중국이 변하고 있다

한자 문화권의 본고장이었던 중국은 동아시아 3국 가운데 가장 열심히 영어 단어를 번역하였다. 지금까지도 인민일보(人民日報)의 지면에는 국제 기사에도 '로마자'가 보이지는 않는다. 국민의 상당수도 영어 단어를 음역 해야 하는 것에 대해 달갑게 생각하지 않는 분위기다. 그러나 이러한 중국 에서도 젊은 세대들을 중심으로 조금씩 변화가 일고 있다. 예를 들어 신개 념(?) 커피들이 번역이 아닌 음역의 형태로 나타난다. 다음을 살펴보자. 영 어와 이태리어가 음역된 부분은 이탤릭으로 표시했다.

碳烧咖啡	tanshao *kafei* : Charcoal Coffee 차콜 커피
草莓摩卡咖啡	caomei *moka kafei* : Iced Strawberry Mocha 아이스 스트로베리 모카
蜜桃拿铁	mitao *natie* : Peach Latté 피치 라떼
玛奇朵	*maqiduo* : Macchiato 마끼아또
冰焦糖咖啡拿铁	bingjiaotang *kafei natie* : Iced Caramel Latté 아이스 캐러멜 라떼
卡布奇诺	*kabuqinuo* : Cappuccino 카푸치노
拿铁咖啡	*natie kafei* : Café Latté(Coffee Latte)카페 라떼
浓咖啡	nongsuo *kafei* : Espresso 에스프레소
美式咖啡	meishi *kafei* : Caffe Americano 카페 아메리카노

중국의 문화가 아무리 방대하다 해도 세분화된 커피에 일일이 의미를 맞 추어 개념을 생각하기는 어렵고, 따라서 번역을 하는 것이 불가능했을 것 이다.

한편 중국인들은 음역을 하더라도 가능하면 단어에 좋은 의미를 담아내려는 경향이 있다. 한 예로, 탄산음료인 코카 콜라(Coca-Cola)는 可口可乐(가구가락, 성조 : ke3kou3ke3le4)으로 음역되는데, '맛있고 즐거운'이라는 의미다.

그림7. 코카콜라 : 맛있고 즐겁다!

구글(Google) 역시 '골짜기의 노래'라는 의미인 谷歌(구거, 성조 : gu3ge1)로 표기된다.

그림8. 구글 : 골짜기의 노래

햄버거 등을 판매하는 패스트푸드점에서도 음역을 한 경우가 눈에 띄기 시작한다. 다음은 베이징에 있는 맥도날드(McDonalds)의 메뉴다. 첫 번째 열은 한자이며, 두 번째 열에서 밑줄이 있는 것은 영어를 음역한 부분, 밑줄이 없는 것들은 번역을 한 부분이다.

汉堡	hanbao	Hamburger 햄버거
吉士汉堡	jishi hanbao	Cheeseburger 치즈버거
双层汉堡	shuangceng hanbao	Double Hamburger 더블버거
巨无霸	juwuba	Big Mac 빅맥
麦香鱼	maixiangyu	Filet-O-Fish 피시버거
麦香鸡	maixiangji	McChicken Sandwich 맥치킨 샌드위치
麦乐鸡	maileji	Chicken McNuggets 치킨 맥너깃
热巧克力	re qiaokeli	Hot Chocolate 핫 초콜릿
咖啡	kafei	Coffee 커피
红茶	hongcha	Black Tea 홍차
橙汁	chengzhi	Orange juice 오렌지 주스
鲜奶	xiannai	Milk 우유
苹果派	pingguo pai	Apple Pie 애플 파이
菠萝派	boluo pai	Pineapple Pie 파인애플 파이

한편, 정보 통신 기술 분야는 세계적으로 신어가 폭증한 영역이라 할 수 있다. 한국이나 일본의 정보 통신 기술 분야의 경우, 관련어의 대부분이 영어 단어의 음역형이다. 고유어나 한자어 대체형이 있는지 알 수 없는 경우도 태반이다. 그러나 중국의 경우, 정보 통신 분야의 단어 중 음역형이 별로 없다. 다음 표를 살펴보자.

중국어에서의 IT 단어			일본어에서의 IT 단어		
下载	Xiàzài	'download'	アダプタ	*Adaputa*	'adapter'
转发	zhuǎnfā	'forward'	スキャナー	*Skyanaa*	'scanner'
电子邮件	Diànzǐyóujiàn	'e-mail'	スクリーン セイバー	*Sukuriin seevaa*	'screensaver'
互联网	Hùliánwǎng	'internet'	フォルダ	*Foruda*	'folder'
复制	Fùzhì	'copy'	ブラウザー	*Burauzaa*	'browser'
发送	Fasong	'send'	プリンター	*Purintaa*	'printer'
保存	Bǎocún	'save'	パソコン	*Pasokon*	'personal computer'
登录	dēnglù	'log-in'			

*예외

중국어에서 매우 드물게 음역된 IT 단어들이 있다.
예) 博客 boke 'blog'
또한, 고유어와 음역된 단어를 합성한 경우도 있다.
예) 搜索引擎 sousuoyinqing 'search engine'

*예외

일본어 고유어 가운데 지배적으로 사용되는 IT 단어들이 있다.
예) 사람들이 'screen'을 이야기할 때, 'Skuriin'보다 'gamen'을 더욱 자주 사용한다.
또한, 고유어와 외래어의 합성어도 있다.
예) 'search-engine'은 일본어로 'kenskuenjin'인데, 여기서 engine은 외래어이다.

그림9. 정보 통신 기술 단어들

중국이 앞으로도 계속 번역을 고수할 수 있을지는 의문이다. 과연 음역이 익숙한 중국의 젊은 세대도 번역을 따르게 될까? 세계는 중국을 주목하고 있다. 필자가 일하는 영국의 옥스퍼드 대학에서 아침부터 저녁까지 볼 수 있는 관광객의 절반 이상이 중국인이다. 늘어난 중국인 관광객들의 편의를 위해서 중국어 설명을 덧붙여 놓은 상점들 또한 쉽게 찾아볼 수 있다. 그러나, 중국어가 영어를 완전히 배척하고 제치는 것은 쉽지 않을 것이다. 젊은 세대에서 유행하는 음역, 영어 열풍만 보아도, 중국이 원하든 원하지 않든 한자 문화권의 자존심을 버리고 영어를 더 자유로이 포용하게 되는 미래가 쉽게 그려진다.

중국에 어학연수를 다녀온 영국 학생들과 이야기를 해 보면, 또래 학생들이 서로 헤어질 때 '再见(zài jiàn, 짜이지엔)'이 아닌 'Bye bye'라고 인사를 했다고 한다. 이런 모습은 사실 중국에서 비일비재한데, 다음 예들은 그런 경우를 모아 놓은 것이다. 보통 음역을 해서 쓰는, 고빈도 영어 단어들을 조사해 본 결과로, 괄호 안에 적은 것은 영어 발음이다.

humour → 幽默(youmo), **sofa** → 沙发(shafa),

bus → 巴士(bashi), **coffee** → 咖啡(kafei),

chocolate → 巧克力(qiaokeli), **model** → 模特儿(moteer),

club → 俱乐部(julebu), **golf** → 高尔夫球(gaoerfuqiu),

opium → 鸦片(yapian), **mango** → 芒果(mangguo),

salad → 沙拉(shala), **ping-pong** → 乒乓球(pinggangqiu),

pepsicola → 百事可乐(baishikele), **tank** → 坦克(tanke)

중국의 영어 열풍은 괄목할 만하다. 2001년을 기준으로, 중국은 초등학교 3학년부터 영어를 의무적으로 교육하고 있다. 베이징이나 상하이 같은 대도시에는 1학년부터 영어를 가르치는 학교도 늘고 있다. 영국문화원의 자료에 따르면, 약 8년 전인 2005년에 학교 등 공식 기관에서 영어를 공부하고 있는 중국인은 177만 명 정도였다(http://www.britishcouncil.org/learning-research-english-next.pdf, 95쪽 참고). 지금은, 물론 그 이상의 사람들이 영어 교육을 받고 있을 것이다. 중국 대륙이 영어를 더 적극적으로 받아들이는 날이 오면, 우리가 생각하는 영어 자체의 이미지가 더 많이 변하리라 예상된다.

자유롭게 음역하는 일본

일본의 경우는, 어느 면에서는 우리보다도 영어를 더 '자유롭게' 빌려 썼다고 할 수 있다. 다음 예들은 1979년에 출판된 'Akira Muira'에 나온 일본어 속의 영어 단어들을 한국어 속의 영어 단어와 비교한 뒤, 일본어에서만 발견되는 것들을 몇 개를 추린 것이다. 괄호 안에 영어 단어를 적었고, 일본어는 로마자화한 형태로 적었다.

abāto(abort), amyūzumento-sentā(amusement centre),
atto-hōmu(at home),
baibai(bye bye), baketto-shīto(bucket seat),
bāsu-kontorōru(birth control),
basurūmu(bathroom), basuto(bust(breast)), battā(batter), bebī(baby),
beddo-jaketto(bed jacket), chāmingu(charming), dāku-burū(dark blue),
demonsutorēshon(demonstration), doa(door), guddo(good),
haiuē(highway), hebī(heavy), ibuningu(evening), ōru(all)

'atto-hōmu(at home)'와 같이 전치사를 포함한 차용은 한국어에서는 잘 발견되지 않는 경우다. (최근에는 한국에서도 전치사를 음역하여 쓰는 경우가 종종 발견된다. 가령 through를 '스루'로 음역한 '드라이브 스루'가 있다.) 'bebī(baby)'의 경우 한국어에서도 많이 쓰이는 단어이지만, 고유어인 아기를 밀어낼 정도의 위치에 있진 않다.

공유하는 신어

한자 문화권에 속해 있는 한국과 중국, 일본은 19세기 말 급속한 서구화의 물결과 언어적, 문화적 충격을 극복하는 데 운명 공동체로서 공동 대응을 하였다. 물론 이 공동 대응이 세 나라의 학자들이 머리를 맞대고 새로운 단어를 찾아내는 식으로 이뤄진 것은 아니다. 우리는 구한말에서 일제 강점기에 이르는 기간과 그 이후에 서구 문화를 받아들이고 그것을 언어적으로 정착시키는 데 있어 중국과 일본의 영향을 생각보다 많이 받았다.

노해임(2000)의 연구 결과에 따르면, 이 시기에 번역을 통해 생성된 대부분의 신어들은 중국에서 가져온 것보다 일본에서 가져온 것들이 더 많다. 예를 들면, train이라는 단어를 우리는 일본을 따라 기차(汽車)로 번역했는데, 중국에서는 이를 화차(火車)로 번역하고, 우리가 생각하는 자동차를 기차(汽車)로 번역하였다. 당시 3국의 신어 유입 현황을 통계로 내 보면, train의 번역처럼 한국과 일본이 공유하는 단어가 1,142 단어(약 20.89%)인 데 비해 한국과 중국만이 공유한 단어는 약 4.96%, 271 단어에 그치고 있다. 그러나 한편으로 이 연구 결과에 따르면, 개화기 신어 5,466개 가운데 3,573개의 단어들(약 65.73%)이 동일한 형태로 한중일 3국에서 모두 발견되고 있다. 다시 말해, 이 당시의 서구 문화 번역어들이 대부분 세 국가 모두에 동일하게 존재했다는 것이다. 아래의 표는 노해임에 제시된 단어들을 의미 영역별로, 공유 언어끼리 구분하여 정리한 것이다.

	한중일 같은 어휘	한일만 같은 어휘	한중만 같은 어휘	3국이 다 다른 어휘	전체 어휘 수
정치	291 (84.60%)	43 (12.50%)	4 (1.16%)	6 (1.74%)	344 (6.29%)
경제	295 (59.25%)	151 (30.32%)	10 (2.00%)	42 (8.43%)	498 (9.11%)
인문과학, 문화	1,728 (78.34%)	299 (13.55%)	79 (3.58%)	100 (4.53%)	2,206 (40.37%)
교육, 의사소통, 교통	258 (48.96%)	160 (30.36%)	37 (7.02%)	72 (13.66%)	527 (9.64%)
법, 행정	188 (58.20%)	107 (33.13%)	11 (3.41%)	17 (5.26%)	323 (5.91%)
군사, 경찰	173 (67.31%)	57 (22.18%)	15 (5.84%)	12 (4.67%)	257 (4.70%)
종교	70 (60.86%)	9 (7.83%)	31 (26.96%)	5 (4.35%)	115 (2.10%)
사물의 명칭	179 (36.31%)	137 (27.79%)	42 (8.52%)	135 (27.38%)	493 (9.02%)
직업, 관직, 인륜	220 (64.32%)	76 (22.22%)	23 (6.73%)	23 (6.73%)	342 (6.26%)
장소와 시간	171 (47.37%)	103 (28.53%)	19 (5.26%)	68 (18.84%) (*incl. 1 word C=J=/=)	361 (6.60%)
전체 어휘 수	3,573 (65.37%)	1,142 (20.89%)	271 (4.96%)	480 (8.78%)	5,466 (100%)

표1. 한중일 공유 어휘

이를 보면, 신어의 수입은 어느 특정 분야로 제한되지 않고 서구화가 이뤄진 사회와 생활 전반에 걸쳐 진행되었다고 볼 수 있다. 그리고 이 당시 유입된 신어들은 대부분 경쟁을 하거나 대체되는 단어 없이 한국 사회에 자리 잡아 지금까지도 장수하고 있다. 특히 동도서기의 태도를 반영하듯 과학 문명 관련어들이 가장 많은 비중을 차지하고 있다.

5. 영어로 먹고 사는 세상

가게에서 마트까지

우리 삶이 서구화되고, 우리말이 영어화되었음을 가장 잘 보여 주는 지표는 상호나 간판에 적힌 이름이다. 특히 서구 문화나 신세대 문화 콘텐츠와 관련된 많은 상표, 상호명들은 부분적으로나마 영어를 포함하고 있는 경우가 많다. 젊은이들이 많이 모이는 서울의 신촌이나 홍대 앞, 강남은 한국인지 미국인지 구분이 가지 않을 정도다.

그림10. 가게에서 마트까지

1970년대에는 두부 한 모를 사기 위해서 구멍가게에 갔다. 대부분의 구멍가게는 이름도 없는 '가겟집'이었다. 상회, 혹은 누구누구네라는 말로 불리기도 했다. 필자의 인터뷰 결과, 60~70대 여성들이 기억하는 가게 이름으로 '똘이네', '순이네' 등이 있었다.

그 후 80~90년대에는 동네 슈퍼를, 2000년대에는 마트를 간다. 슈퍼와 마트는 모두 다 영어에서 온 단어들이지만, 정작 영어에서는 터무니없는 말(nonsense words)이다. 영국에서는 간단히 우유나 계란 등을 살 수 있는 집 근처 가게를 'corner shop'이라고 부르며, 대형마트의 경우 그 상호를 따서 'Sainsbury에 간다', 'Tesco에 간다'고 표현한다.

고려대한국어사전에서는 마트를 할인된 가격에 물건을 파는 큰 규모의 상점이라고 정의해 놓았다. 마트로 만들어진 합성어로 대형마트, 할인마트가 있는데 두 단어 모두 자주 쓰인다. 마트는 미국의 대형 쇼핑몰인 월마트(Wall Mart)가 한국에 들어오면서 생겨난 말인 것으로 사료된다. 대형할인점이나 마트라는 말이 쓰이기 시작한 것이 1996년경부터인데, 당시에 정말 월마트처럼 큰 대형할인점만을 마트라고 칭했다. 그러나 2013년 현재 마트는 대형할인점만을 의미하진 않는다. 소셜 메트릭스에서 9월 한 달 분의 마트를 검색해 보면, 연관어 1위로 '집'이 나온다. 다시 말해, 그 크기가 크건 작건, 취급하는 물건의 가격이 얼마나 싸든 상관없이 집 근처에 있는 상점에 갈 때도 '마트에 간다'라는 표현을 쓴다는 것이다. 이 표현의 등장으로 '시장(에) 가다'라는 우리말은 설 곳이 분명치 않게 되었다. 주로 마트에서 먹거리들을 사는 한국의 젊은 세대들에게는 '마트(에) 가다'라는 말이 더 익숙해졌기 때문이다. 이러한 과정 속에서 우리가 과거에 떠올리던 시장의 개념을 칭하기 위해 '재래시장'이란 단어가 생성되기도 했다.

물론 모든 상호가 영어의 영향을 받는 것은 아니다. 90년대 후반까지만 해도 을지로에는 철물점이나 공구점이 많았는데, 영어로 된 상호들을 본 기억이 별로 없다. 그러나 이선영(1998)에 따르면, 약 15년 전인 1998년에도 이미 피자집과 같은 양식당이나 빵집 등은 영어 상호가 한국어 상호보다 훨씬 많았다. 한편 미용실이나 미장원은 한국어 상호가 더 많은 경우였으나, 현재는 이마저도 헤어, 헤어숍, 헤어살롱 등의 영어 상호로 더 많이 쓰이고 있다.

이렇듯 상호명에 따라 서구화나 영어화의 영향에 차이가 있음을 볼 수 있다. 앞서 철물점과 공구점의 예를 들었지만, 한식집이나 떡집의 예를 한번 생각해 보자. 우리의 전통문화에 기반을 둔 사업일수록, 영어로 상호를 짓는 것이 어색하게 느껴진다. 이런 생각을 기반으로 서울 근교의 중소 도시인 천안 지역의 2013년 업종별 전화번호부를 찾아 영어가 부분적이라도 들어간 업종 및 상호를 찾아보았다.

씽크, 가스, 네온, 웰빙제품, 아스콘포장공, 인테리어, 리모델링, 건축용판넬, 판넬, 골프, 골프연습장, 유로철거, 핸드카, 에어바퀴, 비즈공예, 공조닥트, 베트남, 조립식판넬, 미네랄판넬, 철근콘크리트, 프레스, 와이어컷, 가스배달, LPG, 에어컨, 네온싸인, 샷시, 다대파이프, 생과일쥬스, 카메니저, 탱크, 커플링, 트로피, 부케, 닥트공사, 휠체어, 프레스금형, 에어컨, 콤바인, 보일러교체, 파이프, 벤추레타, 닥트공사, 공조닥트, 닥트제조, A/S전문, 드라이비트, 스포츠댄스, 타일, 렌터카, 이벤트, 레크레이션, 모터펌프, 뷰티, 펜션, 모텔, 발코니창, 베스트창, 프로폴리스, LG화재, 칼라복사, 뷔페, 쇼핑백, PP, 스카이라이프, 페인트, 엔지니어링, 버티칼전문제조, 베란다조경, 사우나, 쇼파, 슁글, 사이딩, 스테인리스, 시멘트, 타일시멘트, 실내인테리어, 한남시멘트, 시멘트, 드라이, 슈퍼마켓, 스포츠웨어, 스포츠, 실리콘고무패킹제조전, 카다로그, 목공인테리어, 아크릴, 에폭시, 알미늄, 체널네온, 앵글, 조림식앵글, 드라이아이스, 게임, 이벤트, 익스프레스, 디지털복사, 비닐봉투, 종합인테리어, 관광버스, 아이스크림, 유토피아, 양념바베큐, 체인점, 보조키, 특수키, 비디오촬영, 스카이위싱, 가든, 니트, 이벤트, 익스프레스, 이삿짐센타, 칼라인쇄, 발코니, 천안뷔페장, 씽크대, 버티칼, FRP, 물탱크, 크레인, 텀프, 자동차시트, 콘베어, 프레스금형, CCTV, 펌프카, 내프킨, 출장부페, 체인점모집, 헬스, 디스크, 파이프, 치킨, 체인점, 원두커피가공, 카센타, 커튼, 컨테이너, 자동밋션, 버티컬, 콤프레샤, 타올, 기념타올, 테니스, 테니스장, 양념치킨, 에티프, ELP관, 박스, 플라스틱, 고려페인트, 펌프, 모타펌프, 파레트, 에코에코샤워기, 헤어컷트, 알러지크리닉, 헬스클럽, 요가, 호이스트, 크레인제작, 호텔

어느 한 영역에 국한되지 않고 영어가 섞인 업종명이나 간판명이 우리의 의식주 전반에 걸쳐 퍼져 있음을 알 수 있다. 제시된 예시들의 대부분이 기존의 우리말이나 한자어로 바꾸기 어렵거나, 바꾸면 오히려 이해하기 어려운 경우다.

우리나라는 오랫동안 중국과 마찬가지로 영어 단어를 고유어나 한자어로 번역하여 수입하였다. 그러나 아파트에 살고 햄버거를 먹는 것이 '우리'의 문화가 되어 가면서, 즉 우리 문화의 인프라 구조가 서구화되기 시작하면서, 번역이 굳이 필요한 과정인지 의문을 품는 단계가 되었다. 번역한 단어보다 음역하여 본래의 모습을 그대로 둔 단어가 더 많은 사람들에게 쉽고 익숙한 단어가 되었기 때문이다. 영어를 수입한 지 100년 남짓하여 만들어진 결과다.

2013년 신문 속 영단어에는 어떤 것들이 있을까?

1990년대에 들어오면서 우리의 언어생활에는 많은 변화가 있었다. 한 예로, 신문의 변화를 들 수 있다. 한국어의 어휘사에서 예나 지금이나 신문은 큰 역할을 한다. 한겨레신문을 시작으로 가로쓰기의 시대가 막을 올렸고, 신문 지면 상의 한자가 대폭 줄었다. 한자어를 쓰더라도 한글로 적은 뒤 필요에 따라 괄호를 덧붙여 한자를 병기하는 시대가 되었다. 이에 반해 신문 속 영어 단어의 양은 날이 갈수록 늘고 있다. 번역이 아닌 음역을 하는 영어 단어들이 늘어가는 것이 놀랍지 않을 정도로 영어가 대중화되어 가고 있는 것이다.

그렇다면 이종극 선생의 개탄 어린 서문이 실린 외래어 사전이 출판되었던 1937년과 비교해서, 지금 우리의 신문은 어떤 모습을 하고 있을까? 신문은 우리의 언어생활에 어떤 역할을 하고 있고, 어떤 단어들, 특히 어떤 영어 단어들을 어떤 모습으로 보여 주는가?

우리나라의 경우, 신문과 방송이 신어가 등장하고 유행하게 되는 경로가 되기도 한다. 특히 신어의 실험장과도 같은 신문이 그렇다. 다음 날까지 기다리지 않고도 인터넷을 통해 무료로 실시간 소식을 보고 들을 수 있는 오늘날, 우리는 신문의 목적과 미래, 정체성에 대해 다시 생각해 봐야 하는 기로에 서 있다. 그러나 우리 신문은 그 어느 나라의 신문보다도 단어 생성자(word maker)로서의 역할을 탁월하게 수행해 왔다. 우리의 신문 속을 한번 들여다 보자. 다음은 2013년 4월 4일자 조선일보에 나타난 어휘를 조사한 결과이다.

(1) 외국어로만 적힌 단어 (20개)

Mileage Warranty, GPS, SBX-1, DNA, GDP, BBC, AFP, EU, NHK, CT, MRI, PR, CF, DJ, MLB, MVP, PPL, OECD, LED, DMB

(2) 외국어와 병기된 단어 (16개)

리콜(recall), 플로스 원(Plos ONE), 브로드(Broad), 패스트 트랙(fast track), 살라미(salami), 모멘텀 킬러(momentum killer), 그린 팩토리(Green Factory), 디도스(DDos), 코드게이트(codegate), 다오녠(悼念), 패니 메이(Fannie Mae), 사스(SARS), 뉴욕타임즈(NYT), 홀리 모터스(Holy Motors), 퀄리티 스타트(Quality Start), 빅 앤드 스몰(big and small)

약어들 :

R&D(연구개발), M&A(인수합병), WHIP(이닝당 주자허용), AFC(아시아축구연맹), NGO(비영리단체), RFID(주파수인식기술), ICT(정보 통신 기술), BT(생명공학 기술), NT(나노 기술), NASA(미국항공우주국)

(3) 음역되어 한글만 적힌 영단어 (173개)

브레이크, 에어백, 사이드 커튼, 아바타, 에피소드, 투데이, 펀치, 키워드, 뉴스쇼, 하버드, 침팬지, 스윙, 골퍼, 브라운, 에세이, 키 리졸브, 탱크 킬러, 아파치, 테러, 타임아웃, 우라늄, 골드 스탠더드, 타우러스, 콘크리트, 벙커, 레이더, 이지스, 알레이 버크, 프리미엄, 테크놀로지, 액티브, 어시스트, 어댑티브, 크루즈, 컨트롤, 엔진, 마사지, 스킨십, 세미나, 로드맵, 펀드, 구글, 애플, 앱, 구글플레이, 앱스토어, 커튼 월, 필름, 마린시티, 코팅, 블라인드, 리베이트, 러닝, 스피드 업, 헤드 베어풋, 포커, 게임, 프로그램, 아트 센트, 캐비닛, 시리즈, 캠페인, 가스, 아웃도어, 워킹, 테스트, 인터넷, 브로커, 블로그, 스토리, 벤치마킹, 리빙포인트, 보쉰, 서브프라임 모기지, 헬기, 탱크, AI 바이러스, 메디아파르, 로스네프트, 두마, 유튜브, G메일, 구글맵, 나이츠브리지, 원 하이드 파크, 펜트하우스, 벨그라비아, 뮤지컬, 멀티플렉스, 코너, 메인스트림, 밀리언셀러, 일러스트, 컬러, 컬렉션, 프로모션, 빌보드코리아, 디지털, 패러디, 립싱크, 라디오, 클릭, 다운, 스마트폰, 리무진, 프롤로그, 슬라이딩, 미트, 홈 플레이트, 퍼스트슬라이딩, 블로킹, 샌프란시스코 자이언츠, 다저스타디움, 포워드, 플레이오프, 쿼터, 숏, 마운드, 커브, 체인지업, 메이저리그, 피칭, 데일리 패스, 로테이션, LA타임스, 포스트플레이, 스트라이커, 미드필드, 슈팅, 챔피언스리그, 오프사이드, 헤딩 어시스트, 페이스북, 유벤투스, 우라, 레드 다이아몬즈, 가시와 레이솔, 패널티박스, 프리킥, 다이빙 헤딩골, 풀타임, 허더스필드, 애니메이션, 골프카트, 페어웨이, 러프, 워터해저드, 호버크라프트, 스케줄, 분데스리가, 로고, 바이러스, 디자인, 프로젝트, 커머셜, 레터링, 브랜드, 코카콜라, 롯폰기힐스, 프로토 타입, 알파벳, 그래픽, 비즈니스, 미디어 스킨스, 쓰나미, 네이처, 스토니브룩, 베이비 박스, 아후라 마즈다, 앙그라마이뉴, 아베스타, 탤런트, 패턴

(4) 인명 및 지명 (인명 61개/ 지명 28개)

인명 :

존 케리, 타이거 우즈, 리처드 클라우스너, 에릭 랜더, 오바마, 월터 샤프, 조지 W. 부시, 조지 리틀, 원자바오, 오얀타 우말라, 밥 코커, 시진핑, 천웨이, 위스원, 시중쉰, 후야오방, 자오쯔양, 쑤이런, 자오화쥔, 먀샬 앤더슨, 후안 카를로스, 제롬 카위작, 블라디미르 푸틴, 마이사라 아부 함디야, 아베 신조, 구로다 하루히코, 데이비드 뉴먼, 오카모토 유타카, 줄 레노, 알렉스, 드니 라방, 레오 카락스, 오스카, 호아킨 아리아스, 로날도 벨리사리아, 매디슨 범가너, 파블로 산도발, 헌터 펜스, 돈 매팅리, 리오넬 메시, 즐라탄 이브라히모비치, 크리스티아누 호날두, 부락 일마즈, 티아구 실바, 블레이즈 마투이디, 데이비드 베컴, 다비드 알라, 토마스 뮐러, 레시아 리굴릭, 무라카미 다카시, 구사마 야요이, 야나기 유키노리, 나라 요시토모, 버바 왓슨, 헨리 키신저, 마이클 블룸버그, 조너선 반브룩, 로버트 다우니 주니어, 앤드루 해밀턴, 플뢰르 펠르랭, 토비 도슨

지명 :

보스턴, 워싱턴 DC, 지린, 지안, 베이징, 랴오닝, 번시, 단둥, 바산, 베이,

정딩, 상하이, 장쑤, 안후이, 위스콘신, 퐁네프, 샌프란시스코, 바르셀로나, 생제르맹, 뮌헨, 토리노, 사이타마, 볼턴, 뒤셀도르프, 스탠퍼드, 퍼듀, 에든버러, 오리건

　이렇듯 요즘 한국 신문에서의 외래어, 외국어의 사용은 자유로운 편이다. 번역어보다 음역어가 더 많이 쓰이며, 특히 정치면을 제외한 생활이나 스포츠, 여가 등의 섹션에서는 외래어와 외국어의 사용이 훨씬 더 자유롭게 나타난다. 재미있는 점은 외국어와 병기된 단어들이다. 추측건대, 한국 사람들에게 어느 정도 익숙하지만 100% 정착되었다고 보기에는 어려운 외국어 단어들의 경우 이렇게 표기하는 듯하다.

　영어로 된 약어들이 많은 것도 한국 신문의 특징이다. 그런데 막상 이 약어들 가운데는 영미권에서는 잘 쓰지 않는 것도 많다. 대표적인 것이 인수합병을 뜻하는 M&A다. 이것은 Merger and Acquisitions의 약자로, 약어 자체로는 영미권에서는 거의 쓰지 않는다. 동아일보에서 12,428번 쓰인 M&A가 영국 신문 가디언(Guardian)에서는 이 수치의 7% 정도에 해당하는 946번밖에 쓰이지 않았다.

먹고, 마시고, 자고 - 모두 다 서양식 - 모두 다 영어로?

　우리는 지금 영어로 '먹고 살고' 있다고 말해도 과언이 아닌 영어의 시대에 살고 있다. 영어 단어가 의식주 등 우리말의 주요 생활 어휘를 무시할 수 없을 만큼 가득 채우고 있기 때문이다. 영어 수입의 역사가 120년도 안 되는 나라에서 이런 현상은 매우 특이하다. 더불어 있는 그대로 영어 단어

를 수입하는 것에 그쳤던 개화기 때와는 달리, 영어를 재료로 '한국제 영어 단어'를 끊임없이 생성해 사용하고 있는 현상 또한 주목할 만한 가치가 있다. 신어 형성의 속도만 놓고 보면 한국을 따라갈 만한 나라가 없을 정도다. 한국 사람들은 구한말 쇄국과 상대적으로 늦은 개항이 우리 사회를 뒤쳐지게 했다는 사실을 자학하듯, '속도 열등감'에 빠진 사람들처럼 쉴 새 없이 단어를 만들어 내고 있다.

앞서서 말한 것처럼, 고유어나 한자어만 가지고 오늘날 현대 한국인의 삶을 묘사하는 데는 분명한 한계가 있다. 한 예로, 의식주와 관련하여 우리가 늘 접하는 단어들을 한번 생각해 보기로 하자. 어떤 단어들이 떠오르는가? 우리는 무엇을 먹고, 무엇을 입고, 어디서 살아가는가? 그리고 이 각각의 대상들을 말, 단어로 어떻게 표현하는가? 이에 대한 답을 찾기 위해서 샘플 인터뷰를 한번 해 보았다. 다음은 20~30대와 40~50대 남녀를 대상으로 의식주 각 영역에 대해 인터뷰를 해 얻어 낸 답을 중복 없이 정리해 본 것이다. 현상을 일반화하기 위해서는 훨씬 더 많은 피험자들을 대상으로 인터뷰를 진행해야 하지만, 여기서는 그 흐름만을 살펴보도록 하자. 밑줄 친 단어들은 영어 혼종어들이다.

1) 의류나 패션이라고 했을 때 떠오르는 단어들을 20개 정도 생각해 보세요.

그림11. 20~30대가 생각하는 의류-패션

20~30대 의류 단어 :

커플룩, 쫄티, 시계, 귀걸이, 목걸이, 반지, 팔찌, 모델, 하이힐, 스키니, 쇼핑몰, 지마켓, 파리, 치마, 화장, 몸매, 스키닝진, 레깅스, 캡모자, 군모자, 빵모자, 청재킷, 청치마, 청블라우스, 청바지, 청반바지, 핫팬츠, 면바지, 면반바지, 양말, 끈나시, 발찌, 패션바지, 배기팬츠, 반바지, 셔츠, 칼라티, 코르덴바지, 데님진, 간지, 타이즈, 브이넥, 나시티, 가디건, 리복퓨리, 런닝화, 맨투맨, 후드, 신발, 반팔티, 스카프, 트렌치코트, 스웨터, 멜빵바지, 벨트, 지갑, 가방, 무스탕, 블라우스, 염색, 선글라스, 원피스, 월남치마, 남방, 로퍼, 블링블링, 연예인, 동대문, 남대문, 명동, 머리띠, 머리핀, 살사댄스, 티셔츠, 니트, 베스트, 팬츠, 스커트, 재킷, 점퍼, 트레이닝복, 수영복, 비치웨어, 내복, 속옷, 워머, 임부복, 꽃프린트, 빅백, 구두, 파우치, 유니섹스, 비치샌들, 정장바지, 넥타이, 양복, 넥타이핀, 군복, 라운드티, 정장, 등산복, 허리띠, 긴팔티, 모자티, 패딩, 오리털잠바, 거위털잠바, 방한복, 팬티, 브라, 팬던트, 보석디자이너, 쇼핑몰, 캐주얼, 와이셔츠, 매니큐어, 파우더, 왁스,

안경, 쫄바지, 롱스커트, 망사, **탑원피스**, 비키니, 칠부바지, **마네킹**, 숄더, 렌즈, 가보시, 헤어핀, 파마, 체크무늬, 시스루, 호피, 파격적, **하이웨이스트**, 데님팬츠, **믹스매치**, **니트티톱**, 소프트팬츠, 프레피팬츠, 니삭스, 니렝스, 레이스업, 피케셔츠, 패턴팬츠, 세미, **빈티지**, **헤어스타일**, 디자이너, 잡지, 웨지힐, **워커**, 쉬폰치마, 땡땡이, **치마레깅스**, **아웃룩**, 치마바지, 추리닝, 저지, 발목양말, 롱치마, 장갑, 귀마개, 목도리, 드레스, 조끼, 레인코트, 모자, 손수건, 컬러팬츠, **나팔바지**, **레이스**, **미니스커트**, 하이패션, 레이스양말, 야상, **코트**, **가죽잠바**

그림12. 40~50대가 생각하는 의류-패션

40~50대 의류 단어 :

재킷, 코트, 치마, 반바지, 나팔바지, 남방, 블라우스, 스카프, 모자, 장갑, 벨트, 가방, 구두, 샌들, 망토, 바바리, 선글라스, 티셔츠, 청바지, 치마바지, 모델, 구두, 바지, 셔츠, 여자, 스타, 패션쇼, 아동복, 투피스, 유행, 백화점, 패션몰, 동대문시장, 콤비네이션, 계절상품, 바겐세일, 선물, 한복, 유니폼, 드레스, 고무줄치마, 니트, 폴라티, 나시, 가운, 반팔, 와이셔츠, 체크, 정장, 블랙앤화이트, 칼라

2) 웰빙이나 건강 음식이라고 했을 때 떠오르는 단어들을 20개 정도 생각해 보세요.

그림13. 20~30대가 생각하는 웰빙-푸드

20~30대 웰빙/푸드 단어 :

햄버거, 도넛, 핫도그, 참치깁밥, 피자, 선식, 레몬물, 허벌라이프, 단백질, 셰이크, 초코케이크, 비타민, 녹차, 검정콩, 파스타, 다이어트, 스테이크, 소고기, 회, 회덮밥, 죽, 비빔밥, 도시락, 밥버거, 수제비, 칼국수, 된장찌개, 케이준샐러드, 아구찜, 해물찜, 갈비탕, 감자탕, 스팸, 김밥, 오트밀, 견과류, 파닭, 치킨, 누룽지, 빵, 떡볶이, 찌개, 레몬, 고구마, 미숫가루, 팥빙수, 오뎅, 우동, 쫄면, 탕수육, 라면, 백반, 초밥, 튀김, 삼겹살, 브로콜리, 토마토, 포도주스, 잡곡밥, 헬스, 두부뷔페, 생선, 스시, 바나나, 방울토마토, 오이, 차돌박이, 안심, 등심, 아웃백, 오이김치, 물김치, 냉면, 콩국수, 홍삼, 차, 다이어트식품, 다시마, 미역, 청국장, 된장, 칼슘, 철분제, 생식, 홍초, 석류, 알로에, 건강즙, 엑기스, 과즙, 오메가3, 매실, 효소, 쌀국수, 저염식, 슬로푸드, 라이코펜, 키토산, 굴, 상추, 설탕, 버섯, 옥수수, 닭볶음탕, 샤브샤브, 오코노미야끼, 장아찌, 닭갈비, 순대, 치킨버거, 치즈버거, 무말랭이, 동치미, 김치, 시금치, 돈까스, 마늘, 막국수, 면사리, 공기밥, 자장면, 짬뽕, 탕수육, 고추장, 샐러드, 검은깨, 친환경, 과일, 집밥, 찌개류, 여유, 쉼, 음식점, 분화, 포만감, 건강, 영양분, 가벼움, 보충, 체질, 복잡함, 날개, 부대찌개, 과일주스, 파프리카, 샌드위치, 발사믹식초볶음, 생선꽁치, 장조림, 마, 게장, 갈비, 갈비찜, 볶음밥, 오니기리, 라면, 파스타, 그라탱, 잡채, 김밥, 두부감자찜, 스파게티, 고등어조림, 나물, 도토리묵, 등뼈김치찜, 호박전, 떡국, 오이무침, 비빔밥, 계란말이, 냉면, 김치전, 제육볶음, 두유, 콘플레이크, 콩고기, 두부, 헬스, 스트레칭, 요가, 닭가슴살, 단호박죽, 요구르트, 해산물, 오므라이스, 화채, 부침개, 김치볶음밥, 바비큐, 파인, 순두부찌개, 궁중요리 닭, 곤약, 채소, 타코, 오곡밥, 과자, 쌈채소, 오리고기

그림14. 40~50대가 생각하는 웰빙-푸드

40~50대 웰빙/푸드 단어 :

<u>토마토주스</u>, <u>치킨샐러드</u>, 새우죽, 된장, 불고기, 콩나물국, 닭도리탕, <u>과일샐러드</u>, <u>사과주스</u>, 고추장, 된장국, 호박무침, 버섯무침, 칼국수, 동태전, 생선구이, 생선찜, 김밥, 주먹밥, 회, 건강, 운동, 장수, 환경, 채식, 노인, 산, 전원생활, 소식, 야채, 고기, <u>햄버거</u>, 급식, 노숙인, 도시락, 해산물, 한식, 양식, 중식, 도시락, 비빔밥, 고추장, 해물파전, 낙지볶음, 계란말이, 나물, 도토리묵, 검은콩, <u>피자</u>, 탕수육, 김치찌개, 고등어조림, 감자탕, 해장국, 육개장, 누룽지, 사라다, 냉면

3) 건강이나 헬스, 스포츠라고 했을 때 떠오르는 단어들을 20개 정도 생각해 보세요.

그림15. 20~30대가 생각하는 건강-스포츠

20~30대 건강 단어 :

헬스장, 사우나, 찜질방, 단백질, 비타민, 구운마늘, 쑥, 홍삼, 현미, 차, 선식, 건강보조제, 보충제, 닭가슴살, 단백질, 보약, 허벌라이프, 레몬다이어트, 원푸드다이어트, 푸른등생선, 수상스포츠, 레포츠, 무술, 골프, 핸드볼, 농구, 축구, 발야구, 야구, 씨름, 양궁, 육상, 족구, 폴, 레슬링, 배드민턴, 스쿼시, 수영, 권투, 킥복싱, 특공무술, 테니스, 배구, 합기도, 태권도, 검도, 주짓수, 복싱, 유도, 이종격투기, 무예타이, 스쿠버다이빙, 봉체조, 체조, 스키, 스노보드, 모터사이클, 볼링, 탁구, 피구, 수중발레, 하키, 헬스, 줄넘기, 소프트볼, 크리켓, 수구, 럭비, 스케이트, 당구, 마라톤, 자전거, 걷기, 등산, 국민체조, 마사지, 피겨스케이팅, 게이트볼, 빅죠, 삼두근육, 근육, 근력, 근력운동, 초콜릿복근, 개미허리, 구등신, 팔등신, 육등신, 지방, 구릿빛 피부, 역기, 러닝머신, <u>트레이너</u>, <u>스트레칭</u>, <u>요가</u>, 에어로빅, 운동기구, 계단, <u>덤벨들기</u>, <u>웨이트</u>, 핑퐁, 달리기, 유산소운동, 무산소운동, <u>프로</u>, <u>아마추어</u>, 근력운동, 복근, <u>s라인</u>, 산책, 오래달리기, 팔굽혀펴기, 전력질주, 윗몸일으키기, 턱걸이, 도마, 무병장수, 일본, 체중계, 보호대, 인대, 상처, 냉찜질, <u>위(wii)</u>, 요가매트, 안마기계, 재활운동기계, 핫팩, 찜질기, 온열기, 비데, <u>다이어트식품</u>, 이동변기, 아령, 목욕의자, <u>미끄럼방지매트</u>, 지팡이, <u>마스크</u>, 혈압계, 체온계, 만보계, 자유, 성취감, 만족감, 승부욕, 신사, 짜릿함, <u>리더십</u>, 협동심, <u>보디빌더</u>, 훈련, 난이도, 유격

그림16. 40~50대가 생각하는 건강–스포츠

40~50대 건강 단어 :

<u>러닝머신</u>, 자전거타기, 걷기, <u>요가</u>, 체조, <u>댄스</u>, 등산, 음식, <u>배드민턴</u>, 수영, 탁구, 농구, <u>스트레칭</u>, 규칙적인 생활, 웃음, 긍정적 생각, 봉사, 물구나무서기, 줄넘기, 태권도, 운동, <u>헬스클럽</u>, 회원권, 조깅, 아침운동, 미용체조, 요가, 건강, 육체미, 근치, 무산소운동, 유산소운동, 축구, 운동경기, 수입, 외국선수, 복권, 단체, <u>비타민</u>, <u>오메가 3</u>, 영양제, 죽, <u>다이어트</u>, 레몬디톡스, 야채, 고기, <u>보디빌딩</u>, 달리기, 철봉, 아침체조, 소식

4) 집 – 주거공간이라고 했을 때 떠오르는 단어들을 20 개 정도 생각해 보세요.

그림17. 20~30대가 생각하는 집-주거 공간

20~30대 주거 공간 단어 :

건물, 아파트, 오피스텔, 고시원, 콘도, 펜션, 주택, 브레젠힐스, 전원주택, 호화주택, 주상복합식아파트, 복층집, 이층집, 리조트, 상가건물, 친환경주거공간, 주공아파트, 임대아파트, 모델하우스, 호텔, 게스트하우스, 빌라, 이웃집, 성, 원룸, 투룸, 쓰리룸, 땅콩집, 한옥, 기와집, 초가집, 궁전, 로얄층, 타워팰리스, 롯데캐슬, 오성급호텔, 별장, 반지하, 지하방, 민박집, 보증금, 계약, 월세, 전세, 방세, 하숙, 기숙사, 소음, 지붕, 옥상, 지하실, 복풍, 현관, 복도, 계단, 뒷간, 침실, 거실, 안방, 테라스, 세탁기방, 드레스룸, 게스트룸, 사랑채, 화장실, 베란다, 마당, 내집, 내방, 수영장, 차고, 부엌, 주방, 발코니, 정원, 연못, 공부방, 다락방, 서재, 세탁실, 대문, 놀이방, 샤워실, 장롱, 싱크대, 정수기, 냉장고, 전자레인지, 신발장, 엘리베이터, 주차장, 소파, 침대, 서랍장, 벽시계, 티브이, 설거지, 책상, 도어록, 형광등, 욕조, 에어컨, 식탁, 아일랜드식탁, 아늑함, 편안함, 안락함, 화목함, 개인공간, 포근

함, 경비, 안전, 가족, 애완동물, 행복, 쉼터, 룸메, 빨래, 망원경, 꽃, 창문, 책, 이불, 액자, 화분, 조명, 채광, 책꽂이, 스탠드, 벽지, 보증금, 건축, 부부, 새집증후군, 인테리어, 남향집, 태양열, 주차장, 놀이터, 자동문, 개러지

그림18. 40~50대가 생각하는 집-주거 공간

40~50대 주거 공간 단어 :

이층집, 층주택, 자택, 아파트, 전원주택, 연립주택, 오피스텔, 원룸, 층, 소음, 쪽방, 주방, 안방, 작은방, 베란다, 화장실, 거실, 화장실, 세탁실, 창고, 다용도실, 큰방, 중간방, 서재, 공부방, 지하실, 현관, 정원, 옷방, 놀이방, 냉장고, 꽃밭, 뜰, 입구, 자동문, 대문, 창문, 다락방, 에어컨, 소파

II

단어, 단어, 그리고 또 단어

단어, 단어 그리고 또 단어

　사람들은 단어를 만들고, 또 만든다. 왜 이렇게 끊임없이 단어를 만들어 내는 것일까? 한국어가 모국어이며, 영어도 익숙해져 가는 과정에 있는 첫째 아이가 하루는 아침 식사를 하다가 'glug'이라는 단어를 썼다. 계란이 다 삶아지지 않아 흰자가 액체 상태로 흘러나온 것을 두고 한 말이었다. 우리 식으로 '구리다'라는 느낌을 표현했던 것인데, 이 말을 듣고 있던 영국인 남편은 딸아이가 정말 상황에 꼭 맞는 말을 만들어 냈다고 했다. 'glug'이라는 단어에서 그런 느낌이 든다고 했다. 사실 아이가 이 단어를 들어본 적이 있는 것도 아니었고, 이런 상황이나 계란의 상태를 표현하는 단어가 영어나 한국어에 존재하는 것도 아니었다. 그러나 아이는 단지 이런 계란의 상태를 '표현'하고 싶었고, '필요'한 말이 없자 새로운 말을 만들어 낸 것이다. 이 작은 에피소드 속에 사실 이 장에서 말하고자 하는 내용의 핵심이 녹아 있다.

이 장에서는 90년대 중반 이후로 어떤 신어들, 특히 영어로 된 신어들이 어떻게, 왜 만들어졌는지 살펴보려고 한다. 또 어떤 단어들이 끝까지 살아남거나 소위 '히트를 쳤는지' 알아볼 것이다.

1. 새로운 단어 - 어떻게 만들어졌는가?

새 단어 - 왜 만들까?

앞서 잠시 예시로 든 'glug' 이야기처럼 또 다른 재미있는 에피소드가 있다. 밖에서 흙장난을 하던 아이가 밖에 있는 삽을 안으로 가져가 달라는 상황에서 "인(in) 해 주세요."라는 말한 것이다. 요즘 한국에서 서울에 있는 대학을 지칭하는 말로 쓰이는 '인(in)서울'과 비슷한 맥락이었다. 아이가 '인 해 주세요.'라는 단어를 만들게 된 동기 역시 'glug'를 만들던 때와 마찬가지로 표현을 하고 싶지만, 그 내용을 담을 수 있는 단어가 딱히 존재하지 않았기 때문이다. 이 책의 네 번째 파트에서 다룰 내용처럼 예외적인 경우도 있겠지만, 대체적으로 사람들이 새 단어를 만드는 이유는 표현하고 싶은 욕구가 있기 때문이라고 할 수 있다.

새로운 단어가 만들어지는 방법은?

그렇다면 새로운 단어는 어떻게 만들어지는 것일까? 정말로 새로운 단어가 있을까? 무수한 수의 단어가 끊임없이 만들어지고 있지만, 아무런 근거도 없이 어디선가 뻥하고 튀어나오는 단어는 거의 없다. (이러한 단어는 매우 드문데, Google이 속한다고 볼 수 있다. 이 단어는 어느 수학자가 어린 조카에게 엄청나게 큰 숫자를 생각해 보라고 하면서 처음 만들어졌다고 한다. Aitchison, 1987 / 2003, p. 175). 대부분의 신어들은 기존 단어들을 서로 붙이거나 기존 단어에 접사를 붙여 만들어진다. 그리고 앞서 말한 것처럼 단어와 단어의 일부를 짜깁기하여 만들어지기도 한다. (노명희, 2006)

그렇다면 신어가 만들어지는 각각의 방법을 예를 통해 살펴보자. 아래 예들은 고려대한국어사전에 나타난 영어 혼종어 샘플에서 뽑은 것으로, 영어에 해당하는 부분에는 밑줄을 그었다.

새로운 단어가 만들어지는 방법

- **단어와 단어 붙이기** (합성, compounding) : 두 부분이 모두 의미 있고 자립적인 단어이다.
  예 빌딩숲, 롱다리, 심야<u>버스</u>, 고정팬, <u>웰빙</u> 파마, <u>캠퍼스 커플</u>
- **접사를 통한 신어 생성** (파생, derivation) : 한 부분은 접사로 이뤄져 있다.
  예 -족(族) : 선탠족, <u>미시</u>족, 집시족, <u>싱글</u>족, <u>오렌지</u>족
- **단어와 단어 짜깁기** (혼성, blending) : 두 단어를 짜깁기해서 새로운 단어를 만든다.
  예 소개<u>팅</u>(소개+<u>-ting</u>), 몰<u>카</u>(몰래+<u>camera</u>), 유아<u>틱</u>(유아+<u>-tic</u>)

의미가 있고 자립적인 두 단어를 붙여서 새로운 단어를 만드는 합성은 어느 언어에서든 가장 쉽게 관찰할 수 있는 직관적인 신어 생성 방법이다. 그런데 우리말에서는 갈수록 영단어를 단순히 합성하는 방식보다 음절 수를 우리의 운율에 맞도록 더 조정하여 짜깁는 방식(혼성)이 세를 얻어 가고 있다. 또한 영어 단어에 우리말에서 자주 쓰이는 접사를 붙여 새로운

단어를 만드는 파생 역시 중요한 조어법으로 확인된다. 몇 가지 예를 한번 살펴보자.

-팅, -텔, -피아, 빌: 뜻이 없는(?) 말들로 만들어진 단어들

'-팅(-ting)'이라는 영어 조각어는 영어 화자들에게는 무용지물이다. 아무런 연상, 의미 효과를 주지 못하기 때문이다. '-텔(-tel)'도 마찬가지다. 그러나 한국어에서는 둘 모두 '의미가 있는' 조각어다. 많은 한국제 영어 단어에서 발견되는 -팅은 '남녀간의 만남이나 데이트'를 주로 뜻하는 '미팅'에서 잘려 나온 것이다. 1990년대 중반, 표준국어대사전에도 실려 있는 '소개팅'이라는 단어가 대학가에서 유행하기 시작했다. 이후 2002년에는 '방팅', 2003년에는 온라인 데이트를 의미하는 '사이버팅'이라는 단어가 만들어졌다. 재미있는 것은 온라인 대화를 뜻하는 '채팅'이란 단어의 -팅 역시 비슷한 시기에 생산성을 갖기 시작하였다는 점이다. '즐팅'이란 말이 있는데, 여기서 즐팅은 즐거운 채팅을 의미하는 말로 남녀간의 데이트와는 무관하다.

-텔도 마찬가지다. 그 자체는 영어와 한국어 모두에서 아무 의미가 없지만, 한국 사람들은 특정 공간을 명명하기 위해 -텔을 붙인다. 호텔, 모텔, 오피스텔 등의 단어가 모두 공간을 지칭하는 단어들이면서 -텔이라는 부분을 가지고 있는 것을 보고, -텔을 잘라냈을 것으로 추정된다. 고시텔, 원룸텔이 -텔과 붙어 생성된 대표적인 예로, -텔을 붙임으로써 호텔과 같이 고급스럽거나 좋은, 긍정적 이미지를 덧붙일 수 있다고 기대하는 듯하다.

영어에서 보면 밑도 끝도 없는 조각들로 구성된 한국제 영어 단어들이 아주 많은데, '–빌'이나 '–피아' 같은 조각어들로 만들어진 단어들이 그 예이다. 두 조각어는 한국어에서 생산성이 높은 접사로 쓰이고 있다. village에서 잘려 나온 조각어 –빌은 호화로운 아파트를 연상하게 한다. 또한 웨딩피아, 코스모피아, 무비피아, 호텔스파피아 등의 상호명에서 볼 수 있듯, utopia에서 잘려 나온 –피아는 '–세상/천국'의 의미를 더한다.

   이런 단어들을 좀 더 찾아 보기 위해 고려대학교 학생들에게 다음과 같은 팀프로젝트 과제를 부과해 보았다.

과제 : 고시텔의 '텔', 소개팅의 '팅'과 같이 영어로는 의미가 없는 단어의 일부가 한국어에서 접사처럼 생산적으로 쓰이는 예를 생각해 보세요.

   본 과제를 통해서 영어에서 온 사이비(pseudo?) 접사를 몇 가지 찾을 수 있었다. 이같은 접사들은 사전에서도 그 뜻을 찾기 어렵다. 그러나 젊은 세대라면 대부분 알고 자주 쓰는 말이다. 따라서, 이러한 단어들에 대해서는 젊은 학생들에게 물어보는 편이 그 뜻을 가장 빠르고 편하게 알 수 있는 방법일 듯하다.

한국제 영어 단어 속에 사이비 접사들

1. –플1(play의 pl) : 갠플(개인플), 솔플(솔로플), 팀플
   예 "팀플로 준비하는 발표인데 그렇게 갠플만 하면 어떻게 하니."

2. –플2(reply의 pl) : 리플, 뻘플, 베플(베스트플)
   예 "뻘플 달지 말고, 제대로 된 댓글 좀 많이 달아줘."

3. 썸–(something의 some) : 썸남, 썸녀, 썸타다
   예 "걔는 분명 남자친구 아님 썸남이야."

4. **-팅**(chatting이나 meeting의 -ting) : 눈팅, 손팅, 반팅
   예 "넌 왜 자꾸 눈팅만 하고 아무 말도 안 하냐."

5. **-툰**(cartoon의 toon) : 웹툰, 스마트툰, 포토툰
   예 "오늘자 웹툰 봤니?"

6. **-카**(camera의 ca) : 몰카, 셀카
   예 "넌 셀카를 정말 잘 찍는구나."

7. **-싱**(single의 sing) : 돌싱(돌아온 싱글)
   예 "그녀는 화려한 돌싱이 되었다"

8. **-팸**(family의 fam) : 인천팸, 자전거팸
   예 "이번에 대구팸 모임 언제 하니?"

9. **-돌**(idol의 dol) : 짐승돌, 성인돌, 예능돌
   예 "요즘은 정말 별별 돌들이 많은 거 같아."

10. **-컴**(computer의 com) : 몰컴
    예 "그는 밤마다 몰컴을 한다."

11. **-캠**(camera의 cam) : 직캠, 몰캠
    예 "지난 주말에 직캠 올라온 거 봤니?"

12. **-퀄**(quality의 qual) : 고퀄, 저퀄
    예 "그 사람이 만든 인형이 제일 고퀄이야."

13. **-톡**(talk) : 카카오톡, 틱톡, 게임톡
    예 "카카오톡이랑 틱톡 중에 뭘 쓸까?"

14. **-컷**(cut) : 학점컷, 등급컷, 합격컷, 장학금컷
    예 "이번에 장학금컷 얼마야?"

15. **-바**(bar) : 쌍쌍바, 보석바, 수박바, 스크류바, 죠스바, 누가바
    예 "아이스크림은 역시 수박바가 제일 맛있다."

16. **-틱**(tic) : 유아틱, 아줌마틱
    예 "그런 옷은 유아틱하다."

17. -이스트(ist) : 귀차니스트
　　📁 "쟤는 지하철 환승하는 것이 귀찮아서 돌아가는 버스 타는 귀차니스트야."

18. -이즘(ism) : 귀차니즘
　　📁 "귀차니즘이 너무 심한 거 아니니?"

　　이 책의 신어와 신세대 문화 파트를 보면, 영어를 조금이라도 짜깁어서 만들어진 혼성어들이 얼마나 다종다양한지 알게 될 수 있을 것이다. 그중에는 영국 사람이나 한국 사람이라도 그 뜻을 짐작하기 어려운 단어들이 다수 포함되어 있다.

　　최근에 '막걸리 커피'라는 단어를 본 적이 있다. '커피 막걸리'란 단어도 보았다. 자립적이고 의미 있는 두 단어의 조합 자체가 혼성은 아니지만, 이런 아이템을 만드는 마인드야말로 요즘 신어를 만들어 내는 우리의 조어 습관과 일맥상통한다는 생각이 든다.

빅히트 치다?

　　−팅이나 −텔처럼 의미가 없는 영어 조각어들만 신어 생성에 참여하는 것은 아니다. 번듯하고 온전한 영어 단어가 고유어나 한자어와 결합하여 신어를 만드는 경우들도 많다. 특히 요즘의 영어 신어들은 기존 영어 단어에 고유어나 한자어 접미사, 접두사를 붙여 파생의 방법으로 생성된다. 강범모, 김흥규(2009)에 따르면 한국어에서 애용되는 접사들은 주로 1음절 한자어이다. 그러나 반대로 영어의 접사가 고유어, 한자어 접사처럼 애용되기도 한다. 예를 들어 과거에는 '히트하다'라는 단어에 대해 과거에는 접사 '대(大)−'가 붙어 '대히트하다'라고 썼다면, 요즘에는 영어 단어 '빅

(big)'을 접두사처럼 붙여 '빅히트하다'라는 말로도 쓴다. "~이 사회의 빅이슈가 되었습니다"라고 하지, "대이슈가 되었다"라고 하지는 않는 것처럼 어떤 경우에는 '대'가 아닌 '빅'만 쓰이기도 한다. 고려대한국어사전에 등재돼 있는 단어들 가운데 빅이 들어간 것만 해도 빅딜, 빅매치, 빅뱅, 빅보드, 빅브라더, 빅시즌, 빅히트, 빅히트하다 등이 있다. 이외에도 빅세일, 빅사이트, 빅이벤트, 빅데이터 등의 단어가 있는데 여기서 빅을 대로 교체하면 매우 어색하다. 이와 유사한 예로 한자어에 길다를 뜻하는 '장(長)'이 있는데도 영어의 '롱(long)-'이나 반대로 '숏(short)-'을 빌어 쓴 '롱다리', '숏다리'와 같은 단어들이 있다.

찰칵찰칵 신어

단어는 표현하고 싶은 욕구와 필요에 의해 만들어진다고 했다. 한국어 어휘장에 유입된 영어를 재료로 만들어진 신어들은 마치 순간이나 현상을 카메라처럼 찰칵찰칵 포착하기 위한 것처럼 보일 때가 많다. 또한 특정한 행동 패턴을 보이는 그룹을 다른 그룹과 차별화하기 위해서 만들어진 것들도 많다. 한 가지 예로, 족(族)이 들어간 신어가 생각보다 아주 많고 종류도 다양하다. 다음 장에서 살펴보겠지만, 족을 포함한 단어 이외에도 특정 행동 패턴 자체를 단어화하거나, 이 패턴을 공유한 사람들의 집단을 가리키는 다른 말 역시 매우 생산적으로 생성되고 있다.

2. 쏟아지는 영신어, 살아남은 영신어
   : 1994~2013년

   개항 이후로 지금까지 엄청난 양의 영어 단어가 수입됐다. 머리끝부터 발끝까지 영단어로 표현하며 살아갈 수 있을 정도다. 그러나 수입된 모든 영어 단어가 살아남은 것도 아니고, 모든 살아남은 단어들이 골고루 자주 쓰이는 것도 아니다.

   필자가 대학교에 입학했던 1995년 당시 '삐삐'가 처음 등장했다. 당시 사람들에게 삐삐는 친숙한 통신수단이었으며, 너도 나도 삐삐 번호를 주고받았다. 그러나 삐삐가 사라지면서 그 이름 또한 자연스럽게 쓰이지 않게 되었고, 이제는 사전에서나 찾아볼 수 있는 말이 되었다. 요즘에는 삐삐가 무엇인지 아는 초등학생이 거의 없을 것이다. 삐삐를 포털사이트 구글에서 검색해 보면 가장 먼저 말괄량이 삐삐 이미지가 뜬다. 한 시대를 풍미했던 단어가 이렇게 빨리 사라지다니 놀랍기 그지없다.

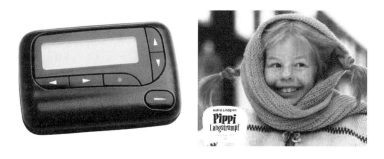

그림19. 삐삐의 의미는?

이 장에서는 1994년부터 2005년까지 국립국어원에서 발행한 신어 조사 보고서와 고려대한국어사전, 표준국어사전에 등재된 영어 혼종어들을 분석하여 변화의 시기에 살아남은 신어들의 특징을 살펴보고자 한다.

2.1. 국립국어원 신어 조사

대표 신어들 : 1994년에서 2005년까지

1994년부터 2005년까지의 국립국어원 신어 조사 보고서를 살펴보면, 지금은 사라진 단어들도 많고, 지금까지 살아남은 단어들도 많다. 살아남은 단어들을 살펴보니 공통적인 특징을 찾을 수 있었다. 다음은 살아남은 신어들 중 대표적인 것들을 몇 가지 의미역별로 묶은 것이다. 나머지 살아남은 신어들은 책 뒤에 있는 '살아남은 신어 목록'을 참고하라.

연도		의미역별 살아남은 신어
1994	IT 정보 산업	초고속정보통신망, 휴대폰, 노트북컴퓨터
	의식주	코디네이션, 샤브샤브, 재건축
	정치	비핵화, 돈세탁, 마라톤협상
	경제	채용박람회, 홈쇼핑, 물딱지
	사회문화	온난화, 지역이기주의, 신세대적
	직업	여성학자, 로비스트, 헤드헌터
	스포츠	단독플레이, 용병술, 헛스윙
	신세대 용어	야타족, 공주병

연도	의미역별 살아남은 신어	
1995	IT 정보 산업	하이퍼링크, 네티즌, 월드와이드웹
	의식주	귀찌, 무공해, 전원주택
	정치	신보수적, 출구조사, 식민화
	경제	텔레마케팅, 물질주의적, 인플레율
	사회문화	익명성, 어학연수, 핫이슈
	직업	쇼핑호스트, 애니메이터, 방송인
	스포츠	래프팅, 스트레칭, 레포츠
	신세대 용어	개폼, 폰팔
2000	IT 정보 산업	다운로드하다, 아이디, 인터넷익스플로러
	의식주	레이어드하다, 초코바, 민박집
	정치	네거티브전략, 초강대국, 합의문
	경제	물타기, 코스닥, 헤지펀드
	사회문화	서구화되다, 삼디, 음모론
	직업	치어리더, 개그우먼, 보험설계사
	스포츠	인라인스케이트, 골든골, 붉은악마
	신세대 용어	궁시렁궁시렁, 야동, 왕따
2001	IT 정보 산업	블루투스, 슈퍼컴퓨터, 팝업창
	의식주	빈티지패션, 찜닭, 전셋값
	정치	본회의장, 여성부, 고위직
	경제	모기업, 오일머니, 이머징마켓
	사회문화	성상납, 신에너지, 온실가스
	직업	베이비시터, 법의학자, 웨딩플래너
	스포츠	벤치선수, 강서브, 개최국
	신세대 용어	부킹, 엽기토끼, 은따

연도		의미역별 살아남은 신어
2002	IT 정보 산업	무선랜, 에뮬레이터, 웜바이러스
	의식주	트레이닝복, 오개닉푸드, 원룸형
	정치	제이에스에이, 구일일 테러, 레드 콤플렉스
	경제	모기지, 버블화, 초인플레이션
	사회문화	사이버범죄, 슈퍼박테리아, 쇼핑 중독증
	직업	바리스타, 컨설팅업, 파티플래너
	스포츠	메이저 리거, 코치진, 홈 관중
	신세대 용어	방팅, 알바, 오타쿠
2003	IT 정보 산업	웹하드, 디카, 카시어터
	의식주	힐리스, 떡케이크, 펜트하우스
	정치	코드인사, 개편안, 돈세탁소
	경제	실거래가. 스마트소비. 비어닝시즌
	사회문화	유비쿼터스시대, 로또, 귀성길
	직업	퀵서비스맨, 청소년상담가, 체형관리사
	스포츠	끝내기홈런, 이스포츠, 훈련량
	신세대 용어	KIN, 즐감, 귀차니즘
2004	IT 정보 산업	악성코드, 덧글, 네비게이션
	의식주	브라, 블랙푸드
	정치	사이버테러리즘
	경제	구조조정, 저소비형, 에프티에이
	사회문화	생활쓰레기, 에이디에이치디, 마이너리티
	직업	산악가, 가사도우미
	스포츠	크로스하다, 토토, 서브왕
	신세대 용어	빡세다, 지름신, 불펌

연도		의미역별 살아남은 신어
2005	IT 정보 산업	블로거, 테라바이트, 디엠비
	의식주	홈패션, 저칼로리, 아파트촌
	정치	재경선, 관습 헌법, 노빠
	경제	마일리지서비스, 프라이빗뱅킹, 돈다발
	사회문화	욘사마, 찜질방, 웰빙
	직업	독서 치료사, 정보 검색사, 비보이
	스포츠	이종 격투기, 월드컵 세대
	신세대 용어	개새, 셀카

표2. 1994~2005년 대표신어들

여기서는 이 시기에 만들어진 신어들 중 특징적인 것들을 잠시 살펴보기로 하자.

족(族)의 세상

셀카족, 디카족 등 특정한 그룹을 지칭하기 위해 쓰이는 한자 접미사 '–족(族)'이 들어가는 신어가 1994년부터 2005년 사이 국립국어원의 신어 조사 보고서에 68개 등장한다. 대부분은 영어에서 그에 상응하는, 지칭 가능한 그룹 명칭도 찾을 수 없는 것들이다. 이 조사가 이루어지기 직전인 90년대 초반에 나타나서, 90년대에 줄기차게 쓰였던 '오렌지족'이라는 단어가 있다. 고려대한국어사전에는 '소비지향적이고, 개방적인 성(性)을 즐기는, 부유층의 젊은이들을 속되게 이르는 말'이라고 정의되어 있으나, 생긴 지 20여 년이 지난 지금은 거의 쓰지 않는 말이 되었다. 이 단어와 연관하여 재미있는 부분은 영어에서 오렌지색은 어떤 점에서도 '오렌지족'이 나타내는 이미지와 접점이 없다는 것이다. 1994년에서 2005년 사이에 영어를 재료로 생성된 신어 가운데 족(族)이 들어간 단어들을 몇 개 더 살펴보자.

■1994년

미팅족, 고스톱족, 스쿠터족, 선탠족, 야타족, 펑크족, 미시족

■1995년

야킹족, 인터넷족, 피크닉족, 댄디족, 실버족, 오토바이족, 사이버펑크족, 나토족, 데이트족

■2001년

드라이브인족, 리조트족, 추리닝족, 커터족

■2002년

네스팅족, 더블엘족, 듀크족, 디카족, 딘트족, 딩크족, 리플족, 모바일오피스족, 모터사이클족, 숍캉스족, 싱글족, 싱크족, 오컬트족, 오토캠핑족, 원샷족, 월드컵족, 인라인스케이트족, 캠핑족, 코쿤족

■2003년

패션족, 웰빙족, 몰카족

■2004년

패러싱글족, 카이트보드족, 토이카메라족, 스카이버족, 슬로비족, 노노스족, 디아이와이족, 레포츠족, 셀카족, 디지털스쿨족, 펌킨족, 다운시프트족, 악플족, 펌플족

■2005년

케이티엑스(KTX) 통근족, 청계천 조깅족, 인터넷족, 스노족, 피크닉족, 캔들족, 밥터디족, 배터리족, 슬로비족, 안티 화이트데이족, 폰카족, 디지털코쿤족, 모자이크족, 직테크족, 프리터족, 키덜트족, 데이트족, 다운시프트족, 스펙족

영어에는 이러한 단어들이 없다. —족과 같이 특정한 그룹을 지칭하기 위한 접미사가 없거니와 화자들 또한 위와 같은 특정 그룹을 명칭화해야 할 필요성을 전혀 느끼지 못하는 것 같다. 다시 말해, 한국어 어휘장에는 영어 화자들의 입장에서 존재의 이유를 의아해 할 만한 단어들이 가득하다는 것이다. 이는 비단 언어의 차이만이 아니라, 문화의 차이 때문이기도 하다. 찰칵찰칵 사진을 찍는 듯한 순간 포착형 단어들은 대부분 우리나라 신세대들의 문화와도 깊은 관련이 있다. 이에 대해서는 이 책의 네 번째 파트에서 다룰 예정이므로, 여기서는 신어 조사에서 관찰된 신어들 가운데 살아남아 인기를 얻은 단어 몇 개만 간단히 살펴보고자 한다.

살아남고 히트 친 단어 - 웰빙 : 웰빙 대한민국

앞에서 제시된 신어들 중에는 살아남았지만 자주 쓰이지 않는 단어들도 있고, 빠른 시간 내에 우리에게 아주 익숙하고 중요한 말로 자리매김한 단어들도 있다. 그 중 웰빙(well-being)은 오늘날 한국인의 삶을 정의하는 데 있어 빠질 수 없는 단어다. '심신의 안녕과 행복을 추구'한다는 의미의 이 단어는 2005년 신어 보고서에 나타났다. 등장한 지 10년이 채 되지 않은 것이다. 그러나 현대 한국인들의 삶의 모토나 다름없는 개념으로, 관련되지 않은 상품이나 삶의 영역이 없을 정도다. 이 웰빙은 한국어에서 주로 명사 자체로 독립적으로 쓰이기보다는 수식어로 많이 쓰이고 있다. '웰빙 식품'이 그 예라 할 수 있다.

소셜 메트릭스를 통해 2013년 5월 16일부터 8월 16일까지 '웰빙'과 함께 나타난 단어들을 조회, 분석해 보았다. 우리가 쉽게 짐작할 수 있듯 웰빙과 함께 쓰인 단어들로 맛, 건강, 식품, 음식이 우선 순위를 다투었다.

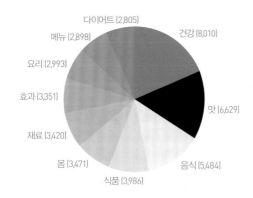

표3. 웰빙이 쓰이는 의미 부류 (소셜 메트릭스 2013.5~8)

구글 서치를 통해 웰빙이 수식하는 단어들을 찾아보니, 2013년 9월 기준으로 다음과 같은 단어들이 나타났다.

- **음식 관련** : 스프, 음식, 밥상, 요리, 다이어트, 식품, 요리, 레시피, 뷔페, 음료
- **주거 혹은 장소 관련** : 숙박, 공원, 마을, 타운, 길, 타운, 몰, 텔, 하우스, 벨리, 전남(전라남도), 스파, 엑스포
- **이벤트나 그룹 관련** : 허니문, 산악회, 투어, 케어, 산악회
- **특정한 사람** : 맘(엄마), 소녀, 산모, 인간
- **기타** : 가전, 트렌드, 테크, 파마, 다이어리, 문화

그림20. 웰빙의 의미는?

　고려대한국어대사전에는 웰빙이 '몸과 마음의 편안함과 행복을 추구하는 태도나 행동'이라고 정의되어 있고, '참살이'라는 순우리말 유의어와 'well-being'이란 영어 단어가 기재되어 있다. 외래어 표기법에 따르면 '웰비잉'으로 적어야 한다고 한다. 네이버 사전에는 웰빙에서 나온 다음 단어들까지 신어로 등재되어 있음을 보여 준다.

- **일빙**(illbeing) : 심신을 혹사시키는 일.
- **배드빙**(badbeing) : 경제적으로 풍족하지 않아 심신의 안녕과 건강을 제대로 챙기지 못하는 말.
- **웰루킹**(welllooking) : 심신의 안녕과 건강을 추구하는 데다가 남에게 보여지는 외적인 아름다움까지도 중시함. 웰빙과 루킹의 합성어.

웰빙이라는 단어가 없던 시절을 떠올려 보면, 웰빙은 '몸에 좋은', '우리 영혼을 건강하게 하고, 삶을 건전하게 하는', 또는 '이러한 가치를 추구하는' 정도로 풀어 쓸 수 있을 것이다. 물론 한국 사람들이 생각하는 '긍정적 가치'가 포괄적으로 웰빙이란 단어에 압축되어 나타나고 있기 때문에, 이런 정의와 꼭 맞아 떨어지지 않는 경우도 있다. 웰빙 열풍이 과열된 한국 사회에서는 심지어 과열된 웰빙 열풍을 경계하고, 진정한(?) 웰빙을 추구하는 삶의 행복을 추구하는 '네오웰빙(neo well-being)'까지도 등장했다.

영어에서 웰빙은 수식어로 쓰이지 않는다. 옥스퍼드영어사전에 웰빙은 'the state of being comfortable, healthy, happy(편안하고 건강, 행복한 상태)'라고 정의되어 있다. 예시로 '환자의 복지 개선' 정도를 의미하는 'an improvement in the patient's well-being'가 나와 있다. 즉, 영어에서 well-being은 우리말의 복지와 비슷한 의미인 것이다. 따라서 well-being은 우리말의 웰빙처럼 함께 쓰일 수 있는 표현들이 다종다양하지 않다. 재미있게도 옥스퍼드 영한 사전에, well-being은 (건강과) 행복, '웰빙'이라고 나온다. well-being의 의미가 웰빙이라고 나와 있는 것이다. 이렇듯 영어 단어 well-being의 의미가 가장 발전된 곳은 아마 한국이 아닌가 싶다. 이웃 나라 일본에서는 well-being보다는 wellness, '이웨르네쓰(イウェルネス)'를 많이 쓴다고 한다. 그런데 이마저도 우리나라에서처럼 모든 것에 쓰이진 않는다.

최근 영국 캠브리지 대학교에 웰빙 연구소가 개설되었다. 심리학자들이 모여 세운 연구소인데, 이 연구소에서는 '웰빙'의 개념을 다음과 같이 정의하고 있다.

'well-being refers to positive and sustainable characteristics which enable individuals and organisations to thrive and flourish'.

웰빙이란 개개인이나 단체를 번영하게 하는 긍정적이며 지속가능한 특징이라는 의미인데, 한국어에서 말하는 웰빙과 유사하지만, 완전히 같지는 않다. 웰빙 연구소에서 주요 대상으로 하는 계층이 환자라는 사실만 봐도, 아직까지 영미권에서의 웰빙은 복지의 이미지가 더 강하다는 것을 알 수 있다.

이렇듯 한국만한 웰빙 천국은 어디도 없을 것이다. 웰빙 대한민국이라고나 할까? 외국 기업들이 한국 시장을 공략하려면 웰빙이란 영어 단어의 한국식 의미부터 제대로 파악해야 할 것이다. 반대로, 한국 기업들이 외국에 진출하려면 영미권에서의 웰빙과 우리가 생각하는 웰빙과 같지 않음을 주시해야 한다. 웰빙과 의미가 같은 것은 아니지만 영미권의 의식주 문화에서 히트를 치고 있는 단어는 에코(eco), 오가닉(organic) 등이다.

영국의 신문 가디언에서 'Eco-'라는 말이 쓰인 분야를 영역별로 분류해보았다. 환경 관련 분야가 월등히 많음을 볼 수 있다.

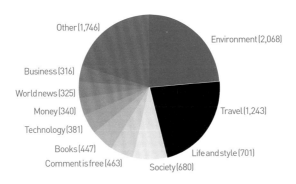

Other (1,746)

Environment (2,068)

Business (316)

World news (325)

Money (340)

Technology (381)

Travel (1,243)

Books (447)

Comment is free (463)

Life and style (701)

Society (680)

표4. Eco의 쓰임과 의미

영미권에서 오가닉은 주로 '음식'과 관련하여 쓰인다. 다른 영역에서도 나타나긴 하지만, 음식에서 가장 많이 나타난다. 한국어에서는 유기농이 영미권에서 쓰이는 오가닉(organic)과 비슷한 이미지를 연상케 한다. 그러나 한국어의 오가닉은 딱히 음식이 아니더라도 자연친화적인 의미로, 웰빙처럼 두루두루 쓰일 수 있다. 실제로 소셜 메트릭스를 통해 오가닉의 분포를 보면 아이, 아기, 피부, 크림, 화장품 등과 함께 쓰이고 있다. 신기하게도 음식 관련 단어는 허브 정도만 발견된다.

그러나 요즘의 유럽, 특히 영국의 식문화에서 오가닉보다도 더 인기를 얻고 있는 말이 있다. 바로 로컬 소싱(local sourcing)이다. 음식의 신선함을 최고로 유지하기 위해서는 먹거리의 이동 시간을 최소화해야 한다. 때문에 주변에서 생산한 음식 재료를 이용하는 식당 등이 늘어나고, 까다로운 주부들이 먹거리를 고를 때 유기농의 여부보다 집과 가까운 곳에서 생산된 것인지 여부를 먼저 따지기 시작했다. 우리나라의 신토불이 열풍과 비슷한 맥락이라고 할까?

그림21. Locally-sourced : 유럽의 신토불이

신문화어 : 찜질방

그림22. 찜질방 : 새로운 문화 공간

　2005년 신어 보고서에 웰빙과 함께 등장하는 찜질방도 주목할 만하다. 영어 단어는 아니지만 어느새 김치, 태권도 등과 더불어 한국을 대표하는 단어로 꼽혀 뉴욕타임즈와 같은 영자 신문에 빈번하게 등장하고 있다. 오래전부터 한국에 있던 목욕탕과 새로운 문화 공간으로 등장한 찜질방은 약간의 차이가 있다. 찜질방을 고려대한국어대사전은 '목욕과 찜질을 할 수 있는 시설을 갖추어 놓은 곳'으로, 네이버 사전은 '황토, 맥반석 따위를

바른 방에서 높은 온도의 공기로 땀을 내도록 한 곳. 약 40-80도씨의 더운 공기를 유지하며 휴게시설과 사우나를 갖추고 있다.'고 정의하고 있다. 기존의 목욕탕을 비교해 볼 때, 찜질방은 목욕을 위한 시설 이외에도 휴게시설이나 여러 안마 시설 등이 같이 존재한다는 차이점이 있는 것이다. 쉽게 말해서 찜질방에서는 목욕과 찜질만 하는 것이 아니라 밥도 먹고 휴식도 취할 수 있다. 수면을 위한 시설이나 TV 등이 구비된 휴게 공간에서 반팔 티셔츠와 반바지를 입고 돌아다닐 수 있도록 돼 있기 때문이다. 웰빙형 목욕탕이 있다면 그게 바로 찜질방이 아닌가 싶다. 그리고 찜질방과 같이, 꽤 많은 한국의 신문화 혹은 한류 문화들은 쉽고 빠르게 세계화되고 있다.

그렇다면 1994년에서 2005년 사이에 만들어진 신어들은 언어학적으로 어떤 특징을 갖고 있을까?

1994~2005년의 신어, 주로 어떻게 만들어졌는가?

전체적으로 1994년부터 2005년까지 만들어진 신어들을 통틀어 살펴보면, 가장 눈에 띄는 신어 조어 방식은 '파생'임을 알 수 있다. '계(系)'나 '권(權)', '권(圈)', '성(性)', '적(的)', '족(族)', '화(化)' 등의 한자어 접미사로 다양한 신어들이 탄생했다. 이 단어들을 좀 더 일반화시킨다면, 새로운 개념이나 성격, 현상, 사람들을 기존의 것들과 구별하고 차별화하여 새로 범주화한다고 할 수 있다.

아래 표는 각각의 한자어 접사들이 만들어 낸 신어의 개수의 추이와 예를 보여 준다.

접미사 연도	계(系) 예)패션계	권(權) 예)입법권	권(圈) 예)대기권	성(性) 예)민족성	적(的) 예)배타적	족(族) 예)싱글족	화(化) 예)세계화
1994	3	0	1	14	10	9	18
1995	2	0	0	10	21	8	27
2000	6	13	3	8	12	2	31
2001	3	4	1	12	6	4	28
2002	0	1	0	4	7	12	10
2003	4	2	2	7	0	3	4
2004	0	0	0	0	1	9	1
2005	1	0	0	6	18	21	6
총합	19	20	7	61	75	68	125

표5. 한자어 접미사별 신어 수

위 표에 따르면, 접미사 중 신어 형성에 가장 많은 기여를 한 것은 '화(化)'이다. 1994년에서 2005년 사이에 총 125개의 신어를 만들어 냈다. '화(化)'는 주로 명사가 동사의 기능을 할 수 있도록 바꾸어 주는 접미사로, 영어의 '-ise'나 '-ize'와 같은 기능을 한다. 예컨대 '버블(bubble)'이라는 외래어에 붙어 '버블화'라는 단어를 만들어 내고, 여기에 '-되다'나 '-하다'가 붙어서 '버블화되다', '버블화하다'와 같이 쓰이는 식이다. '초(超)'나 '탈(脫)', '반(反)'과 같은 한자어 접두사 역시 생산적인 편이다. 초긴장상태, 초슬림형, 초히트, 탈장르, 탈샐러리맨, 반국가, 반페미니스트적, 반덤핑 등을 그 예로 들 수 있다.

'남(男)', '녀(女)', '맨(man)', '우먼(woman)', '보이(boy)', '걸(girl)' 등의 단어가 접미사처럼 붙어, 앞서 살펴본 '족(族)'의 경우처럼 기존과 다른 행동 양상을 띄는 사람들을 가리키기 위해 신어를 만들기도 한다. '이혼남', '매력남', '재혼남', '초혼녀', '순진녀', '섹시녀', '아이디어맨', '홍보맨', '파워맨',

'개그우먼', '세일즈우먼', '스턴트우먼', '비보이', '파파보이', '볼보이', '레이싱걸', '마마걸' 등이 그에 속한다.

'–틱(–tic)', '–이즘(–ism)'과 같은 영어 접미사 또한 기존 어휘와 결합하여 파생어를 만들어 낸다. 뿐만 아니라, 앞에서 살펴본 '고시텔', '원룸텔', '소개팅', '방팅', '바캉스팅'의 예처럼 '–텔(tel)'이나 '–팅(ting)'과 같은 영어 단어의 일부가 기존 어휘와 결합하는 혼종어도 찾아볼 수 있다. 이러한 혼종은 갈수록 증가하는 양상이 나타나는데, 특히 젊은 신세대들이 기존의 어휘를 축약해서 쓰거나 축약한 어휘를 또 다른 어휘와 결합하여 쓰는 경우가 많아졌기 때문이다. 축약의 예로는 '먹튀(먹고 튀기)', '자소서(자기소개서)', '은따(은근한 따돌림)', '이태백(이십대 태반이 백수)'처럼 고유어 축약형도 있으며, '즐감(즐거운 감상)', '불펌(불법 펌질)', '뚱녀(뚱뚱한 여자)'와 같은 고유어와 한자어의 축약형도 있으며, '건보(건강 보험)', '명퇴금(명예퇴직금)' 등의 한자어 축약형도 있다. '팬픽(fan fiction)'이나 '렙업(level up)', '샵마(shop master)', '디카(digital camera)', '레포츠(leisure sports)'와 같이 외래어를 축약한 혼종어와 '폰팔이(phone+팔이)'처럼 외래어와 고유어를 결합한 혼종어도 있다. 그리고 '엔엘엘(NLL)', '에프티에이(FTA)', '제이에스에이(JSA)', '지피에스(GPS)' 등처럼 영어 약자를 그대로 차용하면서 만들어진 신어, 영어 단어 double을 두 번 말하는 것을 줄여 만든 '따따블'과 같은 '콩글리시' 단어도 있다.

다음으로 합성에 대해 살펴보자. 합성 역시 다양한 양상으로 나타나는데, 외래어를 기존 어휘와 결합하는 경우가 비교적 쉽게 찾아볼 수 있는 양상이다. 외래어를 고유어와 결합하는 경우는 '벼락스타', '반짝세일', '깜짝쇼' 등에서, 외래어와 한자어를 결합하는 경우는 '극성팬', '유통체인', '단독플레이' 등에서, 외래어와 외래어를 결합하는 경우는 '뉴미디어', '아트페어', '멀티스크린', '립서비스' 등에서 찾아볼 수 있었다. 이러한 합성 신어는 1994년에는 총 57개, 1995년에는 총 82개, 2000년에는 총 167개, 2001년에는 총 190개, 2002년에는 총 388개, 2003년에는 총 171개, 2004년에는 총 165개, 2005년에는 총 214개가 나타났다. 그중 외래어와 한자어의 합성, 외래어와 외래어의 합성이 대부분을 차지하고 있었는데, 후자의 경우에는 한국에서만 쓰이는 단어가 상당수를 차지했다.

-하다 : 마법의 동사 (혹은 형용사)

신어들, 특히 동사 중에는 '–하다'가 붙지 않은 단어를 찾기 어렵다. 노부오 사토Nobuo Sato라는 일본 학자는 '–하다'와 비슷한 일본어의 접사 '–스루(する)'를 두고 마법의 힘을 가진 접사라고 했다. 우리말 접사 '–하다' 역시 마법의 힘을 가진 접사이다. 한국어의 '–하다'를 살펴보기 전에 영어에도 마법의 힘을 발휘하는 단어가 있는지 먼저 생각해 보자. 영어의 경우에는, 명사에서 동사로의 전이가 아주 쉽다. 하나의 단어가 명사인 동시에 동사일 수 있기 때문이다. 그래서 종종 재미있는 단어들을 발견할 때가 있다.

그림23. Argos it 무슨 말일까?

그림 23의 Argos는 영국의 큰 전자 기기 전문점의 이름이다. 그러나 그림23에서는 Argos라는 상호명, 명사를 동사로 쓰고 있는 것이 눈에 띤다. 'Argos 식으로 하라'는 정도의 의미인데, 전자 기기를 구매할 때 Argos를 이용하라는 뜻일 것이다. 1994년에 스탠퍼드의 언어학자 베스 레빈Beth Levin 교수의 저서에 e-mail이라는 단어가 동사로도 쓰일 수 있다는 예를 언급했다. 그러나 20년도 채 지나지 않은 지금 e-mail은 명사로 쓰이는 만큼 동사로도 쓰이고 있다. 같은 맥락에서 pdf라는 단어도 그렇다. pdf라는 단어가 소개 된 것은 e-mail보다 조금 더 뒤인데, 현재 영어에서는 pdf가 pdf형식의 파일로 만든다는 의미로, 동사로써 자주 쓰이고 있다. 이것뿐만이 아니다. 아주 최근에 필자는 영국에서 contactless라는 '형용사'가 명사로 그리고 다시 동사로 쓰이는 것을 보았다. contactless는 어떤 것을 카드로 결제할 때, 비밀번호를 입력하지 않고도 카드를 기계에 대기만 것만으로 계산이 되는 것을 말한다. 보통 "Can I do contactless?", "Contactless please."라고 표현한다.

그림24. Contactless는 무슨 말일까?

이렇듯 영어에서 명사가 동사로 전이되는 것과는 방법이 조금 다르지만, 한국어에서 '-하다'는 접사 '-되다' 와 더불어 현대 한국어의 신어 형용사, 신어 동사 형성에 아주 중요한 역할을 한다. 표준국어대사전에 등재된 전체 동사 중에서 '-하다' 동사가 약 57%를 차지한다. 그리고 과거에는 주로 2음절의 한자어가 '-하다' 동사의 어근으로 사용되었다면, 이제는 점점 영어 단어가 어근이 되는 경우가 많아지고 있다. 몇 개의 예를 분야별로 들어 보면 다음과 같다.

■정보 통신 기술(IT) 관련
백업하다, 다운(로드)하다, 업그레이드하다(업글하다), 업데이트하다(업뎃하다), 세이브하다, 타이핑하다

■신세대 영어 감정 형용사
네거티브하다, 러블리하다, 로맨틱하다, 리얼하다, 멜랑콜리하다, 보이시하다, 시크하다, 쿨하다, 패셔너블하다, 핫하다

고려대한국어사전에서 '-하다' 접사가 붙은 영신어는 126개였는데, 그 중에서 어근이 1음절어인 단어는 3개, 2음절어는 32개, 3음절어는 43개, 4음절어는 35개, 5음절어는 9개, 6음절어는 3개, 7음절어는 1개로, 평균 음절 수는 2.43어절이었다. 그러나 실제 사용에서는 축약이 빈번하게 일어나는 만큼 이보다 음절수가 더 적게 나올 것으로 보인다. '드라이클리닝하다'은 '드라이하다', '아르바이트하다'는 '알바하다' 등으로 쓰이기 때문이다.

다음은 연세대한국어사전에 올라온 '-하다' 동사/형용사 어근들을 모아둔 것이다. 대부분 2~3음절어임을 볼 수 있다.

- **동　사** : 노크, 데모, 데뷔, 리드, 마사지, 마스터, 매치, 메모, 서비스, 쇼핑, 스케치, 스크랩, 스톱, 인터뷰, 체크, 커버, 키스, 테스트, 패스, 프러포즈, 히트, 어필, 디자인, 덤핑, 대시
- **형용사** : 로맨틱, 리버럴, 섹시, 쇼킹, 스마트, 에로틱, 유니크, 유머러스, 타이트, 핸섬, 드라마틱, 모던, 아이로니컬, 코믹

　새로 만들어지는 동사나 형용사에는, 이런 말도 만들어질 수 있구나 싶을 정도로 대부분 '−하다'와 붙어 있는 것이 많다.

스마트폰하다?

　요즘에는 정말로 불가능한 말이 없는 듯하다. 1993년쯤 빌게이츠가 강의한 '21세기는 당신의 손에(21stcentury at your fingertips)' 라는 제목의 비디오를 본 적이 있다. 초등학생이 인터넷을 통해 숙제를 하는 모습이 너무나 인상적이었던 그 비디오는 이제 현실이 되었다. 그리고 이렇게 꿈이 현실로 변하는 시간이 점차 짧아지고 있다. 이런 시대니 이런 말도 있지 않을까 하고 찾아보면 정말로 어디에선가 쓰이고 있는 것을 발견할 수 있다. 스마트폰 세대가 되었으니 '스마트폰하다'라는 동사가 영어에 있지 않을까 하여 가장 진보적이라고 알려진 urban dictionary를 찾아보니 놀랍게도 'smartphoning'에 대한 개념이 나와 있었다. 'Surfing the world wide web on your smart phone while pooping'이라고 정의와 함께 예문도 나와 있었다. − 'Updating your facebook status while sitting on the toilet versus reading a magazine or a newspaper is smartphoning.' 동시에 'iphoning'이나 'galaxing'이란 단어 또한 실제로 쓰이고 있었다. iPhone이나 Galaxy는 브랜드 이름임에도 –ing 를 붙였을 때 별 어색함이 없다. 만약 단어가 너무 길었다면 조어를 했을 때 입에 붙기 쉽지 않았을 것이다. 한편 오히려 한국어에는 스마트폰하다라는 동사가 아직 보이지 않는 것 같다. 빅데이터와 여러 매체를 구석구석 뒤져봤지만 발견되지 않았다. 누구보다 스마트폰 문화에 익숙한 한국 사람들이 왜 이 단어를 선택하지 않은 것일까? 이유는 간단하다. 스마트폰으로 할 수 있는 기능 각각을 더 세분화하여서 동사화하였기 때문이다. 한 발짝 더 앞서간 것이다. 예를 들어 아래 목록의 단어들을 사용하고 있었는데, 이는 20~30대 학생들에게 스마트폰으로 할 수 있는 활동 관련 동사들을 물어 대답으로 들은 단어들이다.

> 카톡하다, 페북하다, 트윗하다, 라인하다, 틱톡하다, 마이피플하다, 네이트온하다, 셀카하다, 디카하다

그렇다면, 어떤 분야에서 신어들이 만들어졌는가?

  신어가 삶의 모든 영역에서 고르게, 많이 만들어지고 있는 것은 아니다. 국어원 신어 조사 목록을 의미 영역에 따라 살펴보면, 많은 비중을 차지하는 외래어, 특히 영어 기반의 신어들은 색깔, 직업, 패션, 운동, 정보 통신 분야(IT) 영역에서 많이 생성되고 있었다.
  색깔 영역에는 '와인색(wine色, 짙고 검붉은 포도주의 색인 진한 빨강)', '연베이지색(軟beige色, 연한 주황에 회색이 더해진 베이지색보다 좀 더 옅은 색. 마른 흙색보다 조금 밝다.)', '브라운(brown, 검은 빛을 띤 주

황)', '스킨색(skin色, 피부색이라는 의미지만, 우리나라에서는 보통 연한 노란 빛을 띤 분홍색을 지칭한다. 노랑에 주황이 가미된 색이다.)', '인디 고블루(indigo blue, 검정에 가까운 어두운 파랑)' 등, 직업 영역에는 '소 믈리에(sommellerie, 포도주를 관리하고 추천하는 직업이나 그 일을 하 는 사람)', '플로리스트(florist, 꽃을 상업적으로 이용해 부가가치를 창출 하는 전문직 종사자)', '쇼핑호스트(shopping host, 홈쇼핑 채널에서 쇼핑 관련 프로그램을 진행하는 전문직)', '큐레이터(curator, 미술관이나 박물 관에서 모든 일들을 처리하고 수행하는 사람. 재정의 확보, 유물의 보존 관리, 자료의 전시, 홍보활동 등을 담당한다.)', '쇼콜라티에(chocolatier, 초콜릿과 초콜릿을 재료로 한 작품을 만드는 사람)' 등의 신어가 있었다. 패션 영역에서는 '히피룩(hippie look)', '커플룩(couple look)', '스프라이 트티(sprite T, 줄무늬가 있는 'T' 자 모양의 반소매 셔츠.)', '슬리브리스 (sleeveless, 소매가 없는 옷)', '프리사이즈(free size)' 등, 운동 영역에서 는 '홈런(home run, 야구에서 타자가 친 공이 외야의 펜스를 넘어가거나 타자가 홈 베이스를 밟을 수 있는 안타)', '베이스러닝(base running, 야 구에서 주자가 어느 누에서 다음 누로 나아가기 위하여 달리는 행위나 그 런 동작)', '키커(kicker, 킥을 하는, 공을 차서 득점하는 선수)', '골든골 (golden goal, 스포츠에서 연장전에서 승부를 결정짓는 골)', '덩크(dunk, 농구에서 공에서 손을 떼지 아니한 채 점프하여 링 위에서 내리꽂듯이 하는 슛)', '파세이브(par save, 골프에서 기준 타수에 맞춰 공을 홀에 넣 는 일)', '아이언샷(iron shot, 골프에서 아이언 클럽을 써서 하는 샷)' 등 의 신어를 찾을 수 있었다. 특히 정보 통신 분야(IT) 영역에서는 '하이퍼링 크(hyperlink, 하이퍼텍스트 문서 내의 단어나 구, 기호, 화상과 같은 요 소를 그 하이퍼텍스트 내의 다른 요소 또는 다른 하이퍼텍스트 내의 다른 요소와 연결한 것)', '테라바이트(terabyte, 컴퓨터 칩에 저장할 수 있는 정보량 단위의 하나. 1테라바이트는 1바이트의 1012배다.)', '사이트(site, 인터넷에서 사용자들이 정보가 필요할 때 언제든지 그것을 볼 수 있도록 웹 서버에 저장된 집합체)', '인터넷몰(internet mall, 인터넷상의 가상 공간에서 상품을 진열하고 판매하는 점포들)' 등 많은 양의 신어를 발견할 수 있었는데, '사이버(cyber)'나 '웹(web)', '이(E)'라는 접두사가 붙은 단어가 특히 많았다.

신어의 어종 분석 : 한자어 감소, 영어 증가

이미 관찰하였듯, 1994년부터 2005년까지의 기간 동안 영어 단어를 포함한 신어가 급속하게 늘었다. 다음은 그 신어들의 증가, 감소 추이를 어종별로 구분하여 놓은 표이다. 여기서 외래어는 주로 영어에서 온 외래어를 의미한다.

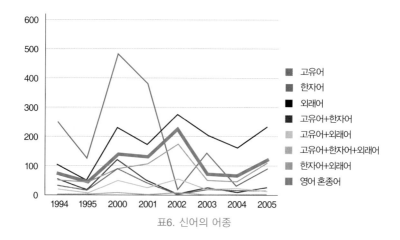

표6. 신어의 어종

이 표에서 가장 분명하게 보이는 것은 한자 신어의 감소이다. 동시에 영어가 조금이라도 들어간 혼종어들이 꾸준히 늘어나고 있으며, 외래어 또한 꾸준히 증가 추세에 있다는 것을 알 수 있다.

2.2. 고려대한국어사전

이 절에서는 고려대한국어사전에 나타난 1,146개의 영어 혼종어들을 분석하며 논의를 전개하고자 한다. 이 혼종어들을 자세히 살펴보면, 의미의 중심인 어근이 영어 자립어 내지는 자립어인 경우가 꽤 많다. 다음은, 그 가운데 자주 등장하는 영어 조각어들을 구분하여 모아 놓은 것이다.

자주 쓰이는 영어 어근

다음 목록은 고려대한국어사전에 등재된, 영어 단어를 어근으로 하는 단어의 수와 예들을 정리한 것이다. 아래 목록의 어근들 가운데 글로벌, 디지털과 같은 단어들은 이미 우리말 어휘장에서 그 영향력이 아주 크다고 하겠다. 이 단어들이 세를 얻기 시작한 것도 역시 90년대 후반이다.

글로벌(global : 4회, 예-글로벌 경영), 디지털(digital : 2회, 예-디지털 방송), 블록(block : 6회, 예-블록화), 멀티미디어(multimedia : 6회, 예-멀티미디어 통신), 사이버(cyber : 7회, 예-사이버 대학), 컴퓨터(computer : 11회, 예-신경망 컴퓨터), 아이(eye : 2회, 예-아이맥스 영화), 유엔 (UN : 4회, 예-유엔 마약 및 범죄 사무소), 엘리트(elite : 2회, 예-엘리트주의적), 오존 (ozone : 4회, 예-오존 경보제),

오픈(open : 4회, 예-오픈 대회), 스포츠(sports : 6회, 예-스포츠 음료), 알레르기(allergie : 5회, 예-알레르기 식중독), 레이저(laser : 5회, 예-레이저 분광법), 온라인(online : 8회, 예-온라인 학습), 오프라인(offline : 2회, 예-오프라인 강의), 에프(F : 4회, 예-에프 십육), 골프(golf : 4회, 예-골프광), 커브(curve : 4회, 예-급커브), 메모(memo : 3회, 예-메모광), 발레(ballet : 4회, 발레계), 베드(bed : 3회, 예-베드타운화), 에로(erotic : 2회, 예-에로 영화), 호텔(hotel : 6회, 예-특급 호텔)

어떤 단어들은 기존의 단어 앞에, 어떤 단어들은 기존의 단어 뒤에 붙어 새 단어를 만들어 낸다. 예를 들면 '팀(team)'은 기존의 단어 뒤에 붙어 신어를 만드는 단어다. 이 단어는 토종 한국어에서 대체할 수 있는 적절한 말이 없을 찾을 수 없다. 외래어로도 느껴지지 않을 정도로 우리말 토양에 뿌리를 잘 내린 것이다. 팀이 들어간 영신어 가운데 등재된 것은 아직 없지만, 등재 고려 대상 목록에 있는 단어들을 포함해 고려대한국어대사전에서 48번이나 발견되었다. 이 외에도 다른 어근들이 많이 발견되어 아래 정리해 보았다.

시스템(system : 7회, 예-개인 신용 평가 시스템), 터미널(terminal : 4회, 예-고속버스 터미널), 펀드(fund : 3회, 예-개방형 펀드), 파일(file : 2회, 예-첨부 파일), 뉴(new : 2회, 예-뉴 에이지 음악), 카드(card : 17회, 예-전자 주민 카드), 센터(center : 10회, 예-문화 센터), 히트(hit : 6회, 예-대히트), 카메라(camera : 4회, 예-무인 감시 카메라), 칩(chip : 4회, 예-반도체칩), 아시아(asia : 6회, 예-극동 아시아), 아웃(out : 7회, 예-삼진 아웃), 쇼(show : 7회, 예-깜짝쇼), 버스(bus : 11회, 예-버스 정류장), 골(goal : 10회, 예-선취 골), 그룹(group : 6회, 예-그룹전)

어떤 분야에서 신어가 만들어졌는가?

그렇다면, 도대체 어떤 영역에서 신어가 만들어졌을까? 영어 혼종어를 의미 영역별로 구분해 다음과 같은 결과를 얻었다.

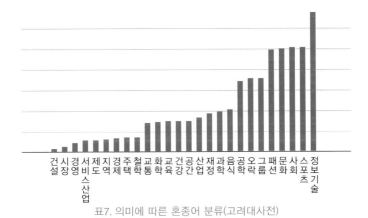

표7. 의미에 따른 혼종어 분류(고려대사전)

그래프를 보면 정보 기술 분야의 영어 혼종어가 가장 많이 등재된 것을 알 수 있다. 그 뒤를 이어 스포츠, 사회, 문화, 패션 분야에서도 100개에 가까운 혼종어가 등재되어 있었다. 영어에서도 정보 기술 분야 등에 신어가 많이 만들어지고 있다. 최근에 영국에서 출판된 'Netymology'란 책을 보면, 듣지도 보지도 못한 정보 기술 관련, 혹은 신문화 관련 신어가 영어에도 생각 이상으로 많음을 알 수 있다. 하지만 한국과 영국의 신어에 대한 태도에는 큰 차이가 있는데, 한국 사람들은 신어를 더 잘 인지하고 이해하여 사용하는 반면, 영국 사람들은 신어에 대한 수용도가 상대적으로 낮을 뿐 아니라 불필요하며 이상하다는 부정적인 생각을 갖는 편이다.

그렇다면 여기서 잠깐 고려대한국어사전에 등재된 단어 중에 '실버 세대'라는 단어를 한번 살펴보자.

실버 세대

점차 고령화 사회로 변화함에 따라 노인층에 대한 재조명이 이루어지면서 '실버(silver)'라는 단어가 들어간 신어가 다수 발생하였다. 고려대한국어사전에는 실버와 관련해 실버산업, 실버 세대, 실버족, 실버타운, 실버폰 등이 표제어로 등재되어 있다. 과거에는 노인 세대 혹은 은퇴한 세대가 사회에 기여할 수 있는 바에 대해 제대로 된 인식이 부족했었다. '기성 세대'나 '노인 세대' 모두 보수적인 냄새가 물씬 풍기는 단어이다. '실버 세대'는 이에 반해서, 반짝거리는 은색의 이미지처럼, 긍정적인 이미지를 크게 부여한다. 재미있는 것은 영어의 silver는 우리말과는 달리 노령층을 일컫는 말로는 잘 사용되지 않는다는 점이다. 옥스퍼드영어사전에는 silver를 통해 파생된 말이 무려 178개나 존재하지만, 그중 어느 하나도 노년층을 의미하지 않는다. 또, 이 사전에서는 silver가 노년층과 어떤 연관이 있다는 정의도 내려져 있지 않다. 웹스터 사전도 마찬가지이다. 영국의 신문 가디언을 검색해 보니, 'silver generation'이라는 말은 약 3번 정도 나왔다. silver와 generation이 쓰인 총 횟수가 4,540번인 데 비해서, silver generation이 우리말에서처럼 쓰인 예는 총 3번뿐이었다. 보통의 영국 사람들은 이 말을 잘 알지도, 쓰지도 않는다. 대부분의 영국인은 노년층을 'the old generation'이라고 할 뿐이다.

3. '한국어표'가 되기까지

한국어표 영어 단어들은, 영어로 되어 있지만 한국어 '느낌'이 난다. 이 느낌은 어떻게 정의할 수 있을까? 앞서 언급하였듯 한국어에서 경쟁력을 갖고 살아남는 영어 단어들은 한국어의 특징을 잘 살려 다듬어진 말들이다. 이에 대한 논의를 시작하기 전에 먼저 우리말 속에 외래어가 얼마나 어떻게 분포하는지 잠시 살펴보자.

우리말 속의 외래어 - 외국어

우선 국어 어휘를 한번 구경해 보자. 어디서 온 단어들이 국어에 녹아 있을까? 다음은 표준국어대사전에 등재된 외래어의 종류와 개수이다.

단연 영어의 비율이 압도적이다. 단일어와 혼종어를 합쳐서 영어가 들어간 외래어의 비율은, 약 84%에 달한다. 이것은 사전에 나타난 표제어를 분석한 것이지만, 빈도수를 고려한다면 우리가 쓰는 외래어의 대부분은 영어라고 봐도 된다.

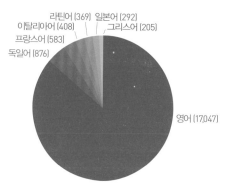

이탈리아어 (408) 라틴어 (369) 일본어 (292)
프랑스어 (583)   그리스어 (205)
독일어 (876)

영어 (17,047)

표8. 표준국어대사전 속 외래어 어종 (1위-7위)
http://static.ncsoft.jp/images/event/secret/img.jpg

다음은 고려대한국어대사전의 원어 유형별 표제어에 대한 빈도이다.

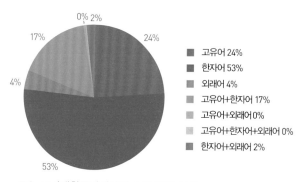

■ 고유어 24%
■ 한자어 53%
■ 외래어 4%
■ 고유어+한자어 17%
■ 고유어+외래어 0%
■ 고유어+한자어+외래어 0%
■ 한자어+외래어 2%

표9. 고려대한국어대사전 속의 단어 구성

한자어가 절반 이상을 차지하고 있으며 그 다음으로 고유어가 많은 것을 알 수 있다. 고유어와 한자어가 합성된 단어도 꽤 많은 비중을 차지하고 있는 것으로 나타났다. 아래는 다시 표준국어대사전의 원어 유형별 표제어에 대한 빈도이다.

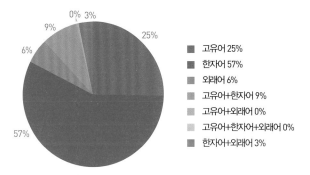

표10. 표준국어대사전 속의 단어 구성

고유어 25%
한자어 57%
외래어 6%
고유어+한자어 9%
고유어+외래어 0%
고유어+한자어+외래어 0%
한자어+외래어 3%

표준국어대사전에서도 한자어의 비중이 가장 높았다. 그 다음으로 고유어의 비중이 높다는 것도 동일하였다. 고유어와 외래어의 합성, 고유어와 한자어, 그리고 외래어의 합성으로 이루어진 단어는 두 사전 모두에서 나타나지 않았다.

2013년 현재 두 사전을 분석하면 한자가 포함된 표제어가 약 69%에 달하는 것이 사실이나, 이 비율은 점점 줄어들고 있다. 신어 조사 결과에서 살펴보았듯 한자어가 신조어 형성에 미치는 영향은 급격히 줄어들고 있다. 사실 사전 속의 어종 비율이 현대 한국어 구어에 나타나는, 실제 우리가 자주 쓰는 일상어들의 어종 비율을 그대로 나타내는 것은 아니다. 위의 자료를 기준으로 해서, 우리들의 일상어가 대부분 한자어라고 단정지을 수 없다는 말이다. 현재 우리의 말과 글을 자세히 살펴보면, 측정하기도 어려운 속도로 영어 단어들이 한자어를 대체해 가고 있다.

한국어의 소리 패턴을 따라서 만들어야

우리말에 살아남은 외래어들을 보면, 한국어의 소리 패턴에 잘 적응한 단어들이다. 이에 대해서 이야기하기 전에, 한국어와 영어의 소리와 운율 특징을 아주 간략히 비교해 보기로 하자.

우선, 두 언어 사이에 소리 목록이 다르다. 한국어에 있지만 영어에는 없는 소리 구분으로는, 이미 잘 알려졌듯이 'ㄱ, ㄲ, ㅋ'와 'ㅂ, ㅃ, ㅍ', 'ㄷ, ㄸ, ㅌ'가 있다. 이 세 소리를 구분하는 것은 영어 화자들에게 쉽지 않은 일이다. 반면에 영어에 있는 f와 v의 구분이 한국어에는 없다. sports, shirts, thunder의 첫 자음은 영어에서는 모두 다른 소리이지만 한국어에서는 'ㅅ' 아니면 'ㅆ'로 표기하고 그렇게 발음한다. 또한 국어에는 유음인 l이나 r의 구분이 없는 만큼, 한국인들은 밥(rice)이 아니라 이(lice)를 먹고 사는 것 같은 우스꽝스러운 상황을 자아내기도 한다. 여기서는 자음만 이야기했으나 모음에도 많은 차이가 있다. (자세한 내용은, Shin et al. (2012)의 10장을 참고하면 좋다.)

무엇보다 현대 한국어는 자음군이 어두에 나올 수 없는 제약이 있는데, 이 때문에 영어 단어들이 한국어화될 때는 그 길이가 길어질 수밖에 없다. 가령 'strike'는 본래 영어에서 1음절어로 분류되는데, 우리말에서는 str이 하나의 소리로 나올 수 없는 음운 제약 때문에, 자음 하나하나에 모음을 동반해 주다 보니 '스트라이크'라는 5음절 단어가 되고 만 것이다. 이런 예들은 허다하다. 그러나 문제는 한국어 단어 중에 5음절어가 많지 않다는 점이다. 물론 한국어 단어가 꼭 몇 음절이어야 한다는 규칙은 없다. 원론적으로 말하자면, 음절이 몇 개인지 여부는 단어를 정의하는 것과 관련이 없다. 1음절 단어도 있을 수 있고, 10음절 단어도 있을 수 있다. 그러나 품사 범주만 보더라도 국어 명사의 대부분이 1~3음절 안에 위치해 있음을 확인할 수 있다.

표준국어대사전을 살펴보면 500,000개 정도의 표제어 가운데 32.2%에 해당하는 141,765개의 단어가 2음절 단어였고, 2음절에서 4음절에 해당하는 단어가 전체 표제어의 83% 정도를 차지하였다. 상황이 이렇다 보니 영어 단어가 한국인들의 입맛에 맞는 한국어표 단어가 되기 위해서는 축약이 일어날 수 밖에 없다. 그렇지 않으면 '튀게 되고' 이렇게 튀면 자주 입에 오르기 어렵다. 영어 단어들이 축약을 거쳐 한국어에 인기어로 정착한 예로는 대표적으로 디카, 팀플 등이 있다. 모두 2음절로 축약된 경우이다.

digital camera - 디카(디지털 카메라), team play - 팀플(팀플레이)

아래 단어들은 국립국어원에서 제공하는 '이런 말도 있어요' 서비스에서 뽑은 것이다. 대부분의 단어들이 짜깁기 방법인 혼성으로 만들어졌는데, 기존 우리말 단어와 비슷한 길이로 잘라 만들어졌다는 인상을 준다.

> 선플러(善←replyer), 에듀시터(←education baby sitter), 줌데렐라(←Cinderella), 테크토닉(←Teckno Electronic), 광클(狂cl←狂click), 베플(beple←best reply), 넷심(←network心), 밥터디(←study), 셀카(←self camera), 베프(←best friend)

현대 한국어에서 가장 인기 있는 단어의 구조는 2음절이다. 위에서 제시한 디카의 예처럼, 자르고 붙여서 2음절어를 만드는 것이 한국 사람들의 귀에 가장 안정적으로 들리기 때문이다. 요즘 젊은 대학생들 사이에는 소위 '2음절 축약 현상'이 유행처럼 번져, 때로는 너무 심하다 싶을 만큼 모든 것을 2음절로 줄이는 경향이 있다. 다음은 대학생들이 자주 쓰는 2음절 축약어들이다.

강퇴(강제 퇴장), 갠소(개인 소장), 갠톡(개인카톡), 과대(과 대표), 광클(미친듯이 클릭하다), 길막(길을 막는다), 깜놀(깜짝 놀라다), 네톤(네이트온), 놀토(노는 토요일), 단톡(단체카톡), 덕후(오타쿠→오덕후), 도촬(도둑촬영), 득템(아이템을 얻다), 등업(등급 업), 멘붕(멘탈 붕괴), 몸짱(몸매 짱), 무플(댓글 없음), 문상(문화상품권), 밥약(밥 약속), 바바(바이바이), 베프(베스트 프렌드), 보톡(보이스톡), 복붙(복사해서 붙여넣기), 불금(불타는 금요일), 불펌(불법 펌질), 비번(비밀번호), 비추(비추천), 빡공(빡세게 공부하다), 뻔대(학번 대표), 뻔선(같은 학번 선배), 뻔후(같은 학번 후배), 성자(작성자), 생선(생일 선물), 생파(생일 파티), 솔플(솔로 플레이), 스펙(←specification), 쌩얼(민낯, 화장하지 않은 얼굴), 아점(아침 겸 점심), 안습(안구에 습기차다), 얼짱(얼굴 짱), 열공(열심히 공부하다), 열폭(열등감 폭발), 오키(오케이), 완소(완전 소중), 움짤(움직이는 짤), 익게(익명 게시판), 자삭(자진 삭제), 즐겜(즐거운 게임하세요), 짤방(짤림 방지), 출첵(출석 체크), 친추(친구 추가), 카스(카카오 스토리), 카톡(카카오톡), 트친(트위터 친구), 팀플(팀플레이), 페북(페이스북), 페친(페이스북 친구), 포샵, 뽀샵(포토샵), 플짤(플래시 짤), 플필(프로필), 학고(학사경고)

위와 같은 이유로 영어에서 유래한 신어는 2음절 혹은 이에 상응하는 짧은 길이로 만들어지는 경향이 있다. 자음만으로는 소리가 갖추어지지 않아 모음을 하나 넣는 상황과 더불어, 이러한 보이지 않는 길이 조건을 맞추려 하다 보니, 자연스럽게 축약과 혼성이 인기 있고 유용한 단어 조합법으로 자리매김하게 된 것이다.

4. 한국에서만 쓰이는 영어 단어들

우리가 많이 쓰는 '영어' 단어 중 어떤 것들은 보기에는 완전한 영어 단어 같지만, 막상 영어 화자들이 듣고 유추하기 어려운 경우가 있다. 이런 단어들을 고려대학교 학생들과의 팀프로젝트를 통해 찾아보았다.

과제 : 현재 한국어에서 '많이' 쓰이는 영어에서 온 외래어 중 고려대학교에 한국어를 배우러 온 영미권 화자들이 꼭 알아야 한다고 생각되는 단어를 각 팀별로 100개씩 뽑아 주세요. 의미역(semantic field)을 나누어 생각하면 더 쉬울 것 같아요. 예를 들어 의식주 영역처럼.

이 과제를 통해 뽑은 단어들을 실제로 영국 학생들에게 물어보면서, 유추하기 어려운 의미의 단어들을 추려 보았다. 영국 학생들에게는, 화이트(white)처럼 영어로 코딩을 한 단어도 함께 보여 주었다.

단어	영국 사람들이 듣고 유추하는 의미	한국 사람들이 생각하는 의미
바바리코트	무엇을 의미할지 유추하기 어려움	trench coat
스킨	natural covering of your body	Toner
선크림	무엇을 의미할지 유추하기 어려움	Sunblock
세트메뉴	무엇을 의미할지 유추하기 어려움	Combo
원룸	a room	comes from 'one room', meaning a small rented room.
펜션	small hotel	comes from 'pension', meaning a small villa for vacation.
룸메	무엇을 의미할지 유추하기 어려움	Roommate
샤프	Pointed	sharp pencil
프린트	print out	Handout
팀플	무엇을 의미할지 유추하기 어려움	team play
스터디	to spend time learning about a particular subject or subjects	study group
화이트	Color	correction fluid
세일	Selling	Discount
파마하다	무엇을 의미할지 유추하기 어려움	to perm
매직하다	무엇을 의미할지 유추하기 어려움	to do magic-straight perm
사인	a mark or shape that always has a particular meaning	Signature
드립	무엇을 의미할지 유추하기 어려움	comes from 'ad-lib', meaning a kind of rude joke.
콘센트	무엇을 의미할지 유추하기 어려움	Socket
비주얼	relating to sight, or to things that you can see.	Appearance

단어	영국 사람들이 듣고 유추하는 의미	한국 사람들이 생각하는 의미
블라인드	someone who is unable to see	window shade
본드	a strong feeling of friendship, love, or shared beliefs and experiences that unites them.	high-strength adhesive
대시	to run or go there quickly and suddenly.	comes from 'dash', meaning approach a charming man or woman.
탤런트	natural ability to do something well.	a TV actor or actress
슈퍼	무엇을 의미할지 유추하기 어려움	Supermarket
솔로	Alone	Those who don't have boyfriend or girlfriend
타이머	a device that measures time	Stopwatch
패딩	무엇을 의미할지 유추하기 어려움	comes from 'padding', meaning bubble jacket
스탠드	무엇을 의미할지 유추하기 어려움	Lamp
가스레인지, 전자레인지	무엇을 의미할지 유추하기 어려움	Microwave
액셀	무엇을 의미할지 유추하기 어려움	Accelerator
버라이어티	it consists of things which are different from each other.	variety show
앵콜/ 앙코르	무엇을 의미할지 유추하기 어려움	Encore

표11. 한국어에서 쓰이는 영어 단어, 그리고 그 의미

특히 영국 학생들에게 위 단어들 가운데 보기에 재미있거나 이상하게 느껴지는 단어를 골라 보라고 요청하여 찾게 된 단어들은 다음과 같다.

학생들이 재미있다고 답한 단어에는 바바리코트(trench coat), 스킨 (toner), 룸메(roommate), 스터디(study group), 화이트(correction fluid), 매직하다(to do magic—straigth perm), 액셀(accelerator), 앵콜/앙코르(encore), 버라이어티(variety show), 전자레인지(microwave) 등이었으며, 이상하다고 답한 단어에는 드립(meaning a kind of rude joke), 비주얼(appearence), 대시(dash), 탤런트(a TV actor or actress) 등이 속했다

이외에도 영국 학생들이 한국어를 배울 때 재미있어 하는 단어로 스킨십이 있다. 고려대한국어사전에는 스킨십이 '피부와 피부의 접촉을 통한 애정의 교류. 부모와 자식간의 피부 접촉을 통하여 깊은 애정의 교류가 가능하므로 육아에서 그 중요성이 강조된다'라고 정의되어 있다. 그러나 영국 학생 한 명은 스킨십의 의미를 다음과 같이 유추하였다.

I don't know the word, but imagine it means "sharing the same colour skin", e.g., "There is no skinship between them, one is African and the other Asian"

III

'감'

잡았습니까?

'감' 잡았습니까?

그림25. 감 잡았습니까?

요즘 한국 사람들은 왜 닭이란 말을 버젓이 두고, 치킨이란 단어를 사용하는 것일까? 포도주와 와인은 같은 뜻인가? 과거에는 해당되는 사물이나 개념을 표현할 말이 우리말에 없었기 때문에 영어 단어를 빌려다 썼었다. 그러나 지금은 그렇지 않다. 2013년을 살아가는 오늘날의 한국인들은 대체할 수 있는 우리말이 있음에도 영어 단어가 풍기는 문화적 의미, 소위 뉘앙스를 나타내기 위해 영어 단어를 사용한다. 이 장에서는 몇 가지 우리말과 영어 외래어 단어쌍들이 각기 어떤 뉘앙스와 의미를 갖고 실현되는지 살펴보려고 한다. 이를 위해 소셜 메트릭스를 통해 해당 단어가 어떤 단어들과 함께 쓰이는지를 찾아볼 것이다.

1. 포도주와 와인, 닭과 치킨

당신은 영어를 왜 사용하십니까?

이종극 선생은 1937년 당시 외래어 사용의 이유로 다음을 제시하였다.

1. 과학 문명의 가속도적 진보와 사회 사상 복잡화
2. 외국어, 특히 영어 연구 보급
3. 교통기관의 발달로 인하여 생기는 세계 거리의 단축과 국제 관계의 긴밀
4. 언어 자체의 표현성과 인간 심리 유행을 좇는 첨단적 기분
5. 전문 지식 상식화 등등

약 70년이 지난 지금도 우리는 많은 부분 이종극 선생의 관찰에 공감하게 된다. 과학 문명의 진보와 사상의 복잡화는 여전히 우리의 어휘장, 특히 외래어 어휘장을 확장시키는 데 중요한 역할을 하기 때문이다.

다음은 한국인들이 외래어 및 외국어를 사용하는 이유를 2005년과 2010년 두 해에 걸쳐 조사하여 국립국어원에서 발표한 보고서이다.

표12. 외래어 및 외국어를 사용하는 이유 (2005년과 2010년)

외래어나 외국어의 사용이 의미를 정확하게 전달할 수 있어서, 혹은 우리말로 표현할 적당한 말이 떠오르지 않아서가 한국인들이 영어를 사용하는 주된 이유로 꼽히는 것을 볼 수 있다.

이 말은 닭과 치킨의 경우처럼, 우리말에도 대응되는 표현은 있지만 그 단어로는 영어 단어를 쓸 때와 같은 느낌이 나지 않아, 정확한 표현을 위해 영어 단어를 사용한다는 말이다.

예컨대 닭이란 고유어가 엄연히 있음에도 치킨이라는 단어를 사용하는 것은 둘의 문맥적 의미가 다르기 때문이다. 즉 닭과 쇠고기 대신 치킨과 비프라고 말하는 것이 자세한 설명을 덧붙이지 않아도 듣는 사람으로 하여금 이 음식이 어떤 식으로 조리되어 나올지를 정확하게 이해하도록 하기 때문이다.

우리들의 언어에 대한 직관이란 정량화하기 어려운 것이다. 그러나 다음 절에서는 리트머스 시험지와도 같은 빅데이터 분석을 통해 그러한 직관에 절대 근거가 없는 것은 아님을 확인해 보고자 한다.

포도주와 와인

그림26. 포도주와 와인

와인이라고 하면 무엇이 떠오르는가? 또, 포도주라고 했을 때는 어떤 단어들이 연상되는가? 두 단어를 통해 그려지는 상상의 세계는 매우 다르다. 많은 경우 와인이라고 하면 분위기 있는 레스토랑을, 포도주라고 하면 성경 속의 만찬이 떠올리게 된다. 이런 직관은 소셜 데이터를 통해 두 단어가 함께 나타나는 단어들을 분석해 보면 그 근거를 쉽게 찾아낼 수 있다. 다음은 와인과 포도주가 나타난 기사의 일부이다.

'와인은 행복한 추억'이라는 말이 있다. 분위기 좋은 날, 가족이나 친구 혹은 연인과 함께 마신 좋은 와인의 맛과 향은 가슴속 깊이 남기 때문이다.

(매일경제 2013. 08.28)

베네수엘라 천주교 주교단은 최근 "(성찬에 사용하기 위해 비축한) 포도주가 바닥을 드러내고 있다."고 밝혔다. 포도주가 없으면 성찬 전례를 거행하기 어려워진다.

(서울신문 2013. 05.29)

소셜 메트릭스를 통해 와인과 함께 나타나는 고빈도 단어들을 분석해 보니, 맛과 분위기, 향, 스테이크, 파스타, 친구 등이 있었다. 이에 반해 포도주와 함께 나타나는 고빈도 단어들은 예루살렘, 이스라엘, 빵, 교회, 진리, 심판, 아버지, 성만찬 등 종교와 관련된 단어들이었다. 와인을 검색했을 때는 나타나지 않았던 단어들이다. 우리는 이를 통해 와인이 들어가야 할 문맥과 포도주가 들어가야 할 문맥이 서로 다름을 알 수 있다.

닭과 치킨

그렇다면 닭과 치킨은 어떤가? 사전적 의미로 두 단어는 의미에 차이가 없다. 그러나 치킨 가게에서 먹을 수 있는 것은 미국의 패스트푸드점에서 만드는 것과 같은 닭튀김이다. 만일 치킨 가게에 가서 삼계탕을 시키면 주인이 어이없어 할 것이다.

그림27. 닭과 치킨

'닭집'은 고려대한국어대사전에 '닭고기나 닭고기 요리를 파는 가게'라고 정의되어 있긴 하지만, 2013년 현재 서울 전화번호부를 통해 찾아보면 대부분 생닭을 파는 곳, 다시 말해 닭이라는 원재료를 '공급'해주는 곳이었다. 이 외의 닭요리 식당들 가운데서도 한국식으로 닭을 요리하는 식당들은 상호명에 파닭, 불닭, 강정 등을 붙여 소위 '치킨집'과 차별화하고 있었다. 치킨집이 대세를 이루기 전인 80년대에는 '통닭집'이 유행을 했다. 통닭은 치킨과 마찬가지로 닭튀김의 일종이지만 조리법에서는 좀 차이가 있다. 필자의 기억으로 통닭집에는 으레 닭장이 있어, 손님이 닭을 고르면 주인은 그 자리에서 닭을 잡아 요리를 해 주기도 했다.

소셜 메트릭스를 통해 치킨과 닭에 관련한 재미있는 사실을 찾아냈다. 치킨이랑 같이 마시는 음료로는 단연 맥주가 1위에 꼽혔다. 그도 그럴 것이 '치맥'이란 신어도 있을 정도로 한국에서는 치킨과 맥주를 함께 먹는 것이 유행이다. 프라이드나 양념 등 조리법과 관련된 것도 치킨과 함께 쓰이는 고빈도 단어였으며, 흥미롭게도 피자 또한 높은 빈도로 함께 등장했다.

반면 닭의 경우에는, 물 정도가 관련된 음료수로 등장하였으나, 치킨을 검색했을 때의 맥주만큼 고빈도 단어는 아니었다.

닭과 치킨의 경우처럼 원래 있던 단어와 수입된 영어 단어 사이에 분명한 의미 분화의 선이 그어져 있는 단어의 쌍들이 이외에도 꽤 있다. 주로 의식주 단어들에서 이러한 예가 발견된다. 본래 있던 단어들은 좀 더 넓고 포괄적인 의미를 나타내는 데 반해, 수입된 영어 단어들은 보통 서구 문화에 바탕을 두고 성장한 단어의 특정한 의미를 지칭하는 데 사용된다. 가령, 비프나 어니언, 갈릭, 쉬림프, 라이스와 같이 식재료를 영어로 표현하는 경우에는 십중팔구 서양 음식점에서 서양 요리법으로 만들어진 음식을 연상하게 된다. 집 근처의 일반 백반집이나 한정식집, 중국집의 메뉴를 영어로 바꾸어 보면 우리는 그것이 매우 어색하다는 느낌을 받게 될 것이다.

다음은 서울의 대학생들을 대상으로 자주 쓰는 단어들 중 영어 단어만 있고 고유어나 한자어가 없는 경우, 혹은 대체어가 있다 해도 거의 쓰지 않거나 점점 덜 쓰게 되는 경우, 그리고 치킨과 닭처럼 의미가 다른 경우에 해당하는 단어쌍을 조사해 보았다.

(1) 영어 단어만 있고 고유어나 한자어는 아예 없는 경우 :
　이메일(메일이라고 더 많이 씀), 레깅스, 카페, 셀카(셀프 카메라), 블로그, 어플/앱, 웹툰, 쇼핑, 프로그램, 서비스, 이어폰, 뮤직비디오

(2) 영어 단어를 대체할 수 있는 고유어나 한자어는 있지만, 거의 안 쓰는 경우 :
　파마하다/머리볶다, 폰(핸드폰)/휴대전화, 아르바이트(알바)/시간제 근무, 업데이트/데이터 갱신, 다운로드/내려받기,

프로젝트/계획 사업, 아이디어/착상, 립글로즈/입술보호제,

홈페이지/누리집, 밴드/음악대, 프린트/인쇄물,

세미나/연구 집회, 포즈/자세

(3) 영어 단어를 대체할 수 있는 고유어나 한자어는 있지만, 점점 덜 쓰는
경우 :

팀플/조별 과제, 리크루팅/신입 회원 모집, 장르/종류, 스태프/직원,

페이지/쪽, 리플/덧글, 포스팅/글 올리기, 스케줄/일정,

레인부츠/장화, 레인코트/우비

(4) 영어 단어와 고유어, 한자어 단어의 의미가 다른 경우

치킨/닭, 스터디/공부하다, 드롭/떨어지다, 프로필/인물의 약력,

시크하다/멋진 (시크하다는 '멋진'이라는 뜻으로 쓰이기도 하지만 실제
로는 '도도하다'라는 뜻으로 더 많이 쓰임), 미팅/집합, 만남, 알람/경
보, 경고, 헌팅/사냥, 클럽/모임, 힐/언덕, 스피킹/말하다(스피킹은 영
어 말하기라는 뜻으로 쓰임), 스타일/양식, 렌즈/사진기의 렌즈(렌즈는
흔히 콘택트렌즈를 지칭함), 라이브/살다, 아이돌/우상, 레포트/보고
서(레포트는 paper의 의미로 쓰임)

2. 단순함과 심플함의 차이는?

'단순하다'와 '심플하다' 역시 사전에 실려 있는 정의만 보고서는 의미의 차이를 집어 내기 어려운 쌍이다. 단순하다는 쓸 수 있지만, 심플하다가 어색한 경우를 생각할 수 있는가? 또 반대로 심플하다는 가능하지만 단순하다가 어색한 경우 역시 생각하기 어렵다. 그렇지만 세종 코퍼스에 나타난 두 단어의 용례를 살펴보니, 쓰이는 표현의 범주에 있어서 약간의 차이가 있음이 드러났다. 심플하다는 다음 예에서처럼 주로 디자인, 인테리어나 패션 관련 문맥에 나타났다. 이에 반해 단순하다는 훨씬 더 다양한 의미 표현들과 더불어 사용될 수 있다.

> 깨끗하고 **심플한** 단색 원단에서부터 화려한 꽃무늬나 경쾌한 체크 무늬에 이르기까지 패턴과 소재는 다양.
>
> (출처 : 라벨르 9월호)

심플하다에 대한 코퍼스 속에서의 관찰과 직관은, 소셜 메트릭스를 통해 맥락을 살펴보니 더 선명하게 드러났다. 다음은 소셜 메트릭스를 통해서 찾아낸 심플하다의 연관 표현들을 의미별, 또 어종별로 분류해 본 것이다. 괄호 안의 숫자는 2012년 11월에서 2013년 2월 사이에 소셜 메트릭스에 해당 단어가 나타난 횟수이다.

심플하다와 함께 쓰인 표현들을 의미별로 분류 :

■**패션/디자인 관련** : 디자인(9,147), 스타일(1,692), 코디(894), 인테리어(816), 라인(711), 패션(681), 코트(483), 드레스(393), 이미지(330), 원피스(312), 외관(255), 옷(253), 가격(253), 모습(251), 표지(202), 스타일링(198), 사이즈(197), 신상(188), 브러시(170), 티셔츠(170), 재킷(167), 패딩(164), 의상(119), 소품(119), 리본(118)

■**소　재** : 니트(243), 소재(236), 가죽(235)

■**무　늬** : 패턴(207), 무늬(173)

■**브랜드** : 브랜드(307), 루이비통(229), 로고(534), 샤넬(158), 프라다(131)

■**음식점** : 맛집(216), 포장(129), 메뉴(122)

■**잡　화** : 가방(1,088), 케이스(783), 제품(696), 백팩(169), 지갑(167), 숄더백 (140)

■**주얼리** : 반지(783), 커플링(365), 목걸이(344), 팔찌(277), 시계(256), 주얼리(152), 귀걸이(147), 액세서리(139), 다이아몬드(122)

■**화장품** : 스킨(349)

■**음료수** : 커피(168)

■**무　대** : 공간(187), 무대(175), 내부(174)

■**쇼　핑** : 포인트(596), 쇼핑몰(418), 세트(313)

■**결　혼** : 예물(287), 가구(277), 웨딩(156), 테이블(135)

■**사진관** : 사진(277), 스튜디오(173)

■**색　상** : 컬러(830), 화이트(566), 색상(556), 블랙(385), 색(136)

■**느　낌** : 느낌(1,686), 좋아하다(593), 분위기(332), 매력(205)

■**모　양** : 모양(203)

■**인터넷** : 아이템(472), 게임(458), 블로그(455), 스크랩(834), 후기(619)

■**휴대폰** : 카톡테마(421), 아이폰5(130), 화면(130)

심플하다와 함께 쓰인 표현들을 어종별로 구분 :

- **영어 단어인 것** : 디자인, 스타일, 코디, 스크랩, 컬러, 인테리어, 케이스, 라인, 패션, 포인트, 화이트, 로고, 다이어리, 코트, 아이템, 게임, 블로그, 카톡테마, 쇼핑몰, 드레스, 블랙, 커플링, 스킨, 이미지, 세트, 원피스, 브랜드, 니트, 루이비통, 디테일, 패턴, 스타일링, 사이즈, 크리스마스, 선물, 스튜디오, 브러시, 티셔츠, 백팩, 커피, 재킷, 패딩, 샤넬, 웨딩, 주얼리, 카테고리, 숄더백, 액세서리, 테이블, 패키지, 프라다, 아이폰5, 다이아몬드, 리본
- **우리말 단어인 것** : 느낌, 가방, 반지, 제품, 후기, 좋아하다, 색상, 목걸이, 겨울, 분위기, 장식, 예물, 가구, 사진, 팔찌, 시계, 외관, 옷, 가격, 모습, 소재, 가죽, 맛집, 매력, 모양, 표지, 신상, 공간, 무대, 내부, 무늬, 일본, 공연, 지갑, 부하, 깔끔하다, 귀걸이, 후보, 박근혜, 회계사, 색, 화면, 포장, 메뉴, 의상, 소품

심플하다의 연관어가 되는 단어들은 대부분 패션, 디자인 관련된 것으로, 음역을 한 영어 단어들이 다수를 이루고 있다는 점이 주목할 만하다. 이러한 문맥에서 심플하다 대신 단순하다를 쓰면 어떨까? '심플함을 추구한 세련된 디자인' 대신 '단순함을 추구한 세련된 디자인'이라고 한다면 분명히 느낌이 달라진다. 반대로 좀 더 다양한 영역에서 사용되는 단순하다라는 말도 그것을 '단순히' 심플하다는 말로 바꾸어 쓸 수 있을지 잘 생각해 보아야 한다.

3. 기계도 스마트(smart)할 수 있는가?

그림28. 스마트할 수 있는 것들은?

  우리말에 와서 정착한 단어 '스마트'는 분명 영어의 'smart'와는 다른 것으로 보인다. 우선, 영어권에서는 기기나 도구를 가리킬 때 스마트라는 표현을 잘 사용하지 않는다. 물론 최근에는 영미권에서도 스마트폰과 스마트 TV의 붐이 일고 있지만, 아직까지는 스마트라는 영어 단어가 '멋있고 세련됨'이라는 보편적인 의미로서 많이 쓰이고 있다. 디너 파티에 가기 위해 옷을 잘 차려 입은 사람을 보고, 혹은 똑똑한 사람을 보고 스마트하다고 말하는 식이다. 즉, 영어에서 스마트하다고 칭해질 수 있는 대상은 주로 '사람'인 것이다. 이러한 형용사를 두고 '인성 형용사'라고 부르기도 한다. 그렇다면 우리말에서의 스마트는 어떤 식으로 사용되고 있을까? 구글에서 스마트가 들어간 말들을 한번 검색해 보니 다음과 같은 단어들이 나타났다. 스마트폰, 스마트워치, 스마트 TV와 같이 정보 통신과 관련된 단어들이 대부분이다.

> 스마트폰, 스마트워치, 스마트 TV, 스마트 컨슈머, 스마트 교육, 스마트뱅킹, 스마트 코리아, 스마트렌즈, 스마트지하철, 스마트경제, 스마트워크센터, 스마트쇼, 스마트인사이트, 스마트경차, 스마트 자동차, 스마트라이프디자인, 스마트빌, 스마트블로그, 스마트 다이렉트, 스마트 할인, 스마트 아이빔, 스마트큐, 스마트월렛, 스마트 하이웨이, 스마트시티, 스마트인터랙티브, 스마트러닝, 스마트전자, 스마트병원, 스마트워크, 스마트디자인, 스마트카드, 스마트 모바일, 스마트TV포럼, 스마트툰, 스마트투어가이드, 스마트플레이스, 스마트 가전제품, 스마트 라디오, 스마트앱, 스마트 악보, 스마트플랫폼즈, 스마트인즈, 스마트원룸, 스마트그립, 스마트그리드, 스마트가젯, 스마트머니, 스마트쉐어, 스마트타운, 스마트서베이, 스마트시대, 스마트패드, 스마트안전귀가, 스마트홈페이지, 스마트리듬, 스마트탐방, 스마트커버, 스마트 구조대, 스마트북, 스마트 카메라, 스마트 여행, 스마트 럭셔리, 스마트슈, 스마트플라워, 스마트청구서, 스마트링크, 스마트보안관, 스마트키워드, 스마트금융, 스마트런치, 스마트주소록, 스마트폰뱅킹, 스마트콜센터

과연 우리말에서 스마트가 갖는 의미는 무엇일까? '합리적이고 똑똑한'

으로 번역이 될 수 있겠지만, 이뿐만은 아니다. 스마트폰의 기능과 이미지가 스마트의 의미에 보이지 않게 묻어나는 것 같다. 영어에는 스마트 라디오(smart radio)란 단어가 없지만, 영어권 화자들은 이 단어를 보고 스마트폰과 어떤 연관이 있을 것으로 짐작하였다. 스마트패드, 스마트청구서, 스마트툰, 스마트러닝, 스마트 악보 등도 뭔가 스마트폰과 연관되어 있을 거란 생각이 든다. 과거 우리말에서 전자 기기에 붙는 수식어로는 첨단, 최신, 고성능, 인공지능, 음성 인식 등이 있었다. 그런데 최근에는 스마트라는 말이 수식어로서 붙기 시작한 것이다. 그리고 스마트폰의 붐과 더불어 기능을 위주로 나타내는 과거의 수식어들보다 더욱 긍정적인 가치를 담아가고 있는 것으로 보인다. 스마트폰으로 원격 조정이 가능한 스마트 세탁기가 있는가 하면, 음성을 인식해서 밥을 짓는 스마트 밥솥과 스마트 청소기를 비롯, 스마트 에어컨, 스마트 냉장고, 스마트 오디오 등등 말 그대로 '스마트'한 전자 기기가 속속 등장해서 소비자의 시선을 끌고 있는 것만 봐도 그렇다. 스마트란 단어가 들어 있는 것이라면, 스마트폰과 연관이 없을지라도 최고의 기능을 가지고 있을 거라고 생각되고, 동시에 차갑고 기계적인 이미지가 아닌 '사람'처럼 똑똑하고 함께하고 싶은 긍정적인 이미지가 부여되는 것이다.

아직까지는 세계적으로 스마트폰의 열풍이 다른 전자 기기 분야나 삶의 분야에 아주 큰 영향을 미치고 있지는 않는 것 같다. 그렇지만, 향후 10년 동안 우리 삶에 이 스마트의 행진이 계속되지 않을까? 꼭 스마트라는 단어가 아니더라도, 사람의 마음과 정서를 가진 기계에 대한 열망이 인성 형용사를 전자 통신 분야의 새로운 키워드로 생산해 내지 않을까 기대해 본다.

착한 가격 - 가격이 착할 수 있는가?

영어 단어는 아니지만, 소위 사람에게만 쓰는 인성 형용사가 사물에 쓰임으로써 긍정적인 효과를 내는 경우들이 늘고 있다. 몇 가지만 살펴보자. 예컨대, 본래 '착하다'는 사람의 심성이 선할 때에 사용하는 형용사였다. 대부분의 사전에는 착하다가 이런 의미로 정의되어 있다. 그러나 네이버 오픈 사전에는 '서민적이고 저렴한 가격'이라는 의미가 추가되어 있다. 그리고 실제로 2013년 5월부터 8월 사이의 소셜 메트릭스를 찾아보니, '착한'이라는 단어가 '가격'과 함께 쓰인 경우가 40,222번으로 가장 많았다.

만약 가격이 싸다고 하면, 소위 '싸구려'라고 할 때의 부정적인 느낌이 동반될 수 있다. 싼 게 비지떡이라는 속담에서 연상할 수 있듯, 어딘가 흠잡을 부분이 있을 것만 같은 느낌을 주는 것이다. 그러나 가격을 '착하다'는 말로 표현하면, 소비자들에게 저렴하게 구매를 할 수 있다는 긍정적인 면을 부각시키게 된다. 이런 이유로 최근 많은 상점들이 '싼' 가격 대신 '착한' 가격이란 표현을 사용하고 있는 것이다. 이제는 나아가 착한 가격 이외에도 착한 가게, 착한 음식, 착한 치킨처럼 서비스가 이루어지는 곳곳에서 '싸지만 소비자를 배려한'의 의미로 착하다는 단어가 사용되는 것을 볼 수 있다.

그림29. 착한 가격

　'착한'을 필두로, 인성 형용사들이 상품에 사용하는 예들을 몇 가지 더 찾아보자. 다음 광고 카피에서는 커피를 훌륭하다는 말로 표현하였는데, 역시 별로 어색하지 않다.

그림30. 착한 커피, 훌륭해지다?

눈에 띄는 인성 형용사와 사물 혹은 개념의 조합으로 다음과 같은 예들이 발견된다.

> 똑똑한 영어, 맛있는 상상, 맛있는 공부, 착한 분양가, 착한 차례상, 착한 기업, 착한 가게, 아름다운 가게, 아름다운 동행, 맛난 소풍, 맛난 사랑, 참한 도시, 나쁜 데이터, 예쁜 생각

예전 같았으면 공부가 맛있고 데이터가 나쁜 것을, 또 생각이 예쁜 것을 비문법적이고 전혀 말이 되지 않는 것이라 했을 것이다. 그러나 이러한 단어의 조합은 현재 우리 삶의 구석구석에서 발견되고 있다. 심지어 조선일보 교육란에는 섹션의 하나로 '맛있는 공부'란이 있다.

영국과 영어에서도 이와 비슷한 현상들이 보인다. 다음은 'itsu'라는 한 영국의 일본식 도시락집(사실은 샌드위치 집에서 출발한 것이다)의 광고이다. 이곳은 주로 일본식 음식을 영국화하여 퓨전 도시락을 만드는 곳이다. '먹다'라는 의미의 동사 'eat'과 아름답다는 'beautiful'을 함께 사용하여 '아름답게 먹는다'는 문구를 적어 넣었는데, 이 역시 어색하게 느껴지지 않는다.

그림31. 아름답게 먹는다?

4. 이중 국적 단어들

드레싱입니까? 카페트입니까?

동일한 영어 단어가 어디에서 쓰이냐에 따라서 전혀 다른 의미로 해석이 되기도 한다. '오리엔탈(oriental)'의 예를 한번 살펴보자.

그림32. 드레싱 vs. 카페트

소셜 메트릭스에서 오리엔탈과 함께 쓰이는 단어들을 찾아보면 샐러드, 소스, 드레싱이 단연 선두를 차지한다. 페이스북을 통해 한국의 젊은 대학생들에게 오리엔탈이란 말이 연상시키는 단어들을 나열해 보라고 했을 때도 마찬가지로 드레싱과 소스가 가장 먼저, 많이 연상되는 단어들로 꼽혔다. 반면 비슷한 방법으로 영국의 대학생들에게 동일한 질문을 하였을 때는 중동의 카페트, 이슬람 모스크, 오리엔탈리즘을 쓴 에드워드 사이드 교수의 책 표지 등이 대답으로 돌아왔다. 한국에 정착하여 뿌리내린 많은 영어 단어들 중에는 이처럼 영미 본토에서 그 단어를 통해 떠올리는 이미지와 전혀 다른 것을 연상하게 만드는 단어들이 아주 많다.

고려대한국어대사전에 새롭게 포함된 순수 영어 단어나 영어 혼종어 가운데 그 나름대로 한국어에서도 쓰이고 영어에서도 말이 되는 소위 '이중 국적'을 갖고 있는 영단어를 찾아보았다. 몇 개만 살펴보자.

> 디지털 카메라, 디지털 티브이, 박스 오피스, 블랙 유머, 사운드카드, 서비스, 슈퍼 모델, HDTV, NASDAQ, 나노 테크놀러지, 웹사이트, 웹페이지, 퀴즈쇼, 패밀리 레스토랑, 러브 스토리, 세트 메뉴, 하드 드라이브, 보이스 피싱, 오일 머니, 벤처 캐피털리스트, 런치, 캐시백, 하우스, 푸드 코트, 스터디, 포토샵

위 단어들 중 디지털 카메라나 디지털 티브이, 박스 오피스 등은 한국어와 영어에서 그 의미 차이가 없는 것들이다. 웹사이트, 웹페이지 역시 한국이나 영국에서 모두 자주 사용되고 있는 단어들이다.

그러나 같은 단어이면서 한국에서 쓰일 때와 영국에서 쓰일 때 그 의미가 다른 것들도 있다. 예를 들어, 한국어의 스터디는 주로 90년대 대학가에서 쓰이기 시작한 단어로, 여럿이 모여서 함께 같은 내용이나 분야를 공부하는 것을 의미한다. 스터디가 들어간 단어의 예로는 취업/면접 스터디, 스터디 그룹 등이 있다.

캐시백은 한국에서는 어떤 물건을 사면 구매 금액의 일정한 부분을 적

립해 주는 제도 내지는 그 적립금을 의미하는데, 영국에서는 좀 다르다. 주로 슈퍼마켓에서 캐시백을 할 것인지 여부를 묻는데, 이때 캐시백은 물건을 사면서 돈도 뽑는다는 의미이다. 즉 10파운드 어치의 물건을 계산하면서 20파운드만큼의 캐시백을 원하면, 점원이 30파운드가 찍혀 있는 계산서와 함께 20파운드의 현금을 준다. 현금인출기를 따로 찾을 필요 없이 물건을 사면서 돈을 뽑을 수 있는 개념인 것이다.

패밀리 레스토랑 역시 영국에서는 그에 상응하는 개념을 찾기 어렵다. 패밀리 레스토랑이라는 단어를 들려 주면, 가족이 운영하는 식당일 것이라 생각하는 영국 사람도 많다. 그러나 고려대사전에는 패밀리 레스토랑을 '가족들이 함께 가서 식사를 하기에 좋도록 꾸며진 식당'이라고 정의하고 있는데, 사실 좀 모호하다. 일반적으로 패밀리 레스토랑이라고 하면 한국에서는 주로 미국에서 들어온, 스테이크 등을 판매하는 프렌차이즈 레스토랑을 떠올리기 때문이다.

서비스는 우리말 신어 생성에 아주 유용하게 쓰이는 어근 중 하나이다. 서비스 산업이 발달한 만큼, 우리말에는 이를 관련된 단어들이 많이 있다. 고려대한국어대사전에만 20개의, 서비스가 어근으로 쓰인 단어가 있다. 그러나 실제 영어에서 이 서비스라는 말은 그렇게 다양하게 사용되지 않는다. 서비스의 대상만 밝힐 뿐, 그것을 제공하는 방법인 바로 '서비스'에 대해서는 굳이 하나의 개별적 단어로 언급을 하지 않는다. 한국어의 서비스는 '덤'이라는 귀여운 의미로 쓰이는 경우도 있다. "이건 그냥 서비스로 드릴게요."라고 할 때가 그런데, 이 역시 영어에서는 'bonus(보너스)' 라는 단어로만 표현된다.

이 책의 두 번째 파트, 4장에서 살펴본 것처럼, 겉모습은 100% 영어지만, 영어를 모국어로 하는 사람들이 보기에는 '하나의' 단어라고 보기 어려운 것들, 혹은 영어 단어이지만 영미권 화자들에게는 전혀 말도 안 되는 단어들 역시 한국어 어휘장에는 많이 있다. 고려대사전의 혼종어 목록에서 발견되는 예를 몇 개만 살펴보자.

'노 비자(no visa)'는 '다른 나라의 출입을 허락하는 사증 중에서 여권에 적어 주는 배서가 없는 상태'라고 정의되어 있다. 과거에 '무비자'라는 말로 쓰였던 이 단어는, 쉽게 말해서, 비자가 없어도 여행할 수 있다는 뜻이다. 정작 영어에서는 주로 라틴어 접두사나 'less' 등의 접미사를 붙이지, 'no'를 붙여 반댓말을 만들어 내는 경우가 흔치 않다. 우리가 한자 접두사 '무(無)'를 사용하여 반대말을 만들지 않는 것과 비슷하다. 그런데 이러한 no를 한국어에서 접두사처럼 사용하고 있다는 점이 흥미롭다.

'투잡(two job)'은 두 가지 이상의 직업을 가지고 일하는 것을 말한다. 어느 사회에나 두 모자를 쓰고 일하는 사람들이 있겠지만, 이처럼 일하는 것을 패턴화하고 이름까지 짓는 것은 매우 드물 것이다. 영국에도 두 가지 직업을 가진 사람들이 있지만, 그 사람들의 삶의 형태를 투잡이라고 표현하지는 않는다. 투(two)라는 숫자를 단어화한 것 역시 독특하다. 사실, 한국제 영어 단어 중에는 이렇게 숫자를 앞에 붙이고 단어를 만든 것들이 적지 않다.

또 다른 예로 '원샷(one shot)'이 있다. 원샷은 한국인의 술 문화를 잘 대변해 주는 말이다. 음료를 '한 번에' 다 마신다는 의미로 만들어진 말인데, 일간지 검색을 통해 이 단어가 쓰이기 시작한 시기를 조회해 보니 90년대 중반인 것으로 나타났다. 영어에는 동일한 의미의 'bottom up'이라는 말이 있지만, 이렇게 음료나 주류를 한 번에 다 마시는 문화가 크게 발달하지 않았기 때문에 표현 또한 잘 쓰지 않는다. 그런데 소셜 메트릭스를 통해 흥미로운 사실을 발견했다. 90년대 중반에는 원샷은 주로 대학의 신입

생 환영회, 폭탄주를 마시는 직장 회식에서 '술'을 마실 때 사용되었던 단어였는데, 2013년 9월 현재에는 원샷의 대상으로 소주나 맥주 이외에도 콜라, 커피, 우유, 물 등이 고르게 나타났다.

IV

신어와 신세대 문화

: 커피 마시고 스마트폰하고

신어와 신세대 문화 :
커피 마시고 스마트폰하고

그림33. 커피 마시고 스마트폰하고

80년대 후반에서 90년대, 386세대라고 불리던 세대가 사회의 젊은 활력소가 되었던 시절을 시작으로 2013년 현재에 이르기까지 지난 약 20년간 우리가 잘 알지 못하는 사이에 언어와 문화는 개화기를 떠올리게 할 정도로 바뀌었다. 너무 빠르게 자주 바뀌어서 새로운 문화를 정의할 시간도 충분하지 않을 정도다. 이 파트에서는 지난 약 20년 동안 폭증한 단어들을 위주로, 스포츠, 엔터테인먼트, 정보 통신, 커피 관련 등 몇 가지 영역과 소위 신세대들에 의해 만들어진, 영어를 재료로 한 신어들을 중심으로 논의를 시작할 것이다.

1. 웹과 넷의 세계

웹툰, 단어입니까? 만일 단어라면,
한국어 단어입니까? 영어 단어입니까?

앞에서 살펴본 것처럼, 신어 어휘장 속 많은 신어들이 정보 통신 혹은 소셜 네트워크와 관련된 어휘들이었다. 이 단어들의 상당수는 웹과 넷을 포함하고 있는 것들로, 많은 경우 특별히 흠 잡을 데가 없었다. 그러나 흥미롭게도 영어에서는 사용할 것 같지 않거나 실제로도 사용하지 않는 단어들이 대부분이었다. 이 단어들이 한국에서 만들어져 쓰이고 있는 영어 단어들이기 때문이다. 하지만 이 단어들은 정확히 한국어로 분류하기에도 조금 부적절하다는 생각이 든다. 그 이유는 무엇일까? 이 문제를 풀어 나가기 위해서 20~30대 고려대학교 학생들 85명을 대상으로 설문 조사를 했다. 조사의 골자는 '웹' 또는 '넷'이 접사로 붙어 만들어진 15개의 단어(웹디스크, 웹팩스, 웹게임, 웹어플리케이션, 웹앨범, 웹서비스, 웹오피스, 웹튜터, 웹툰, 에듀넷, 게임넷, 디자인넷, 넷하드, 웹하드, 넷폴더)를 사전에 등재해야 할지 여부를 묻고, 등재한다면 국어사전과 영어 사전 가운데 어느 쪽에 실어야 할지 고르도록 했다.

<설문 내용>

※ 요즘 다음과 같은 단어들이 많이 쓰이고 있습니다.

웹디스크, 웹팩스, 웹게임, 웹어플리케이션, 웹앨범, 웹서비스, 웹오피스,
웹튜터, 웹툰, 에듀넷, 게임넷, 디자인넷, 넷하드, 웹하드, 넷폴더

아래 보이는 네 개의 물음에 답해 주세요.

1. 위 단어들 중에서 사전에 올라가야 할 단어와 그렇지 않은 단어가
   있다면 분류해 주세요.

   1) 사전에 올라가야 할 단어 목록과 그 이유

   2) 사전에 올라가지 말아야 할 단어 목록과 그 이유

2. 위에 보인 단어들을 사전에 등재해야 한다면 국어사전에 넣어야 할
   까요, 영어 사전에 넣어야 할까요?

   1) 어느 사전에 등재하는 것이 좋을지를 표시하고
      ㄱ. 국어사전 (   )
      ㄴ. 영어 사전 (   )

   2) 그렇게 생각하는 이유를 짧게 써 주세요.

   나이 ① 10대 ② 20대 ③ 30대
   성별 ① 남 ② 여

   * 설문에 응해 주셔서 감사합니다.

설문 조사의 결과는 다음 표에 정리되어 있다.

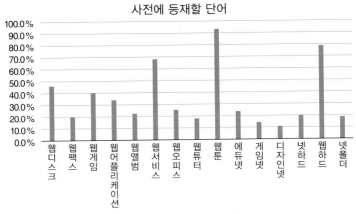

표13. 웹과 넷 관련 단어

답변자들은 사전에 등재해야 하는 단어로 '웹툰(webtoon)'을 가장 많이 꼽았는데, 총 79명(92.9%)의 지지를 받았다. 이 단어는 'web(웹)'과 'cartoon(만화)'의 합성어로, '인터넷을 매개로 배포하는 만화'를 의미한다. 현재 각종 포털 사이트에서 다수의 웹툰이 활발하게 연재되고 있고 점차 한국 만화 산업에서 중요한 위치를 차지하게 되면서, 웹툰이라는 단어는 한국인들에게 친숙한 단어가 되었으므로 사전에 등재할 만하다고 평가받은 것이다. 그리고 '웹하드' 역시 67명(78.8%)이라는 상당수의 지지를 받은 것을 알 수 있는데, 비슷한 개념인 '넷하드'의 경우 잘 쓰이지 않기 때문에 낮은 지지도를 보이고 있다. 또한 '웹서비스'도 58명(68.2%)의 지지를 받았다. 한편, '게임넷', '디자인넷'과 같은 단어는 등재하자는 의견이 약하게 나타났다.

웹툰과 같은 단어를 사전에 등재해야 한다고 생각하는 이유로는 이미 대중화되었고 앞으로도 계속 쓰일 거라고 판단하였다는 의견이 우세하였다. 더불어 마땅히 대체할 말이 없다는 것, 일반 명사이거나 축약형의 조합이기 때문이라는 답과 의미가 비합성성을 띠고 있기 때문이라는 답도 있었다.

또한 이러한 단어들을 어느 사전에 실어야 하는가에 대한 답변으로는, 국어사전에 실어야 된다고 본 사람들이 41명(48.8%), 영어 사전에 실어야 된다고 본 사람들이 23명(27.4%)이었다. 단어에 따라 국어사전 혹은 영어 사전에 실어야 된다고 답한 사람은 20명(23.8%)이었다.

국어사전에 실어야 하는 이유로는 고유어로 대체가 불가능하며, 억지로 대체어를 만든다고 해도 혼란을 야기할 것이기 때문이라는 것과 한국식 조어법으로 만들어진 단어라 외국에서는 쓰이지 않기 때문이라는 것이 있었다. 영어 사전에 실어야 하는 이유는 이와 반대였다.

그렇다면 정작 이 단어들이 실제 영어권에서는 어떻게 취급될까? 아래 표는 같은 단어들을 가지고, 옥스퍼드 대학생들에게 이 단어들이 영어라고 생각되는지 설문한 결과이다. 회색은 잘 모르겠다는 답, 하늘색은 영어 단어가 아니라 생각한다는 답, 파란색은 영어 단어라고 생각한다는 답을 나타낸다.

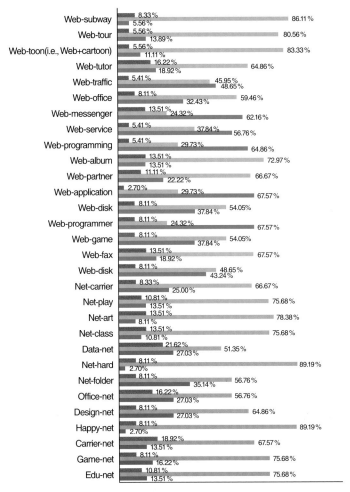

Web-subway	8.33% / 5.56%	86.11%
Web-tour	5.56% / 13.89%	80.56%
Web-toon(i.e., Web+cartoon)	5.56% / 11.11%	83.33%
Web-tutor	16.22% / 18.92%	64.86%
Web-traffic	5.41%	45.95% / 48.65%
Web-office	8.11% / 32.43%	59.46%
Web-messenger	13.51% / 24.32%	62.16%
Web-service	5.41% / 37.84%	56.76%
Web-programming	5.41% / 29.73%	64.86%
Web-album	13.51% / 13.51%	72.97%
Web-partner	11.11% / 22.22%	66.67%
Web-application	2.70% / 29.73%	67.57%
Web-disk	8.11% / 37.84%	54.05%
Web-programmer	8.11% / 24.32%	67.57%
Web-game	8.11% / 37.84%	54.05%
Web-fax	13.51% / 18.92%	67.57%
Web-disk	8.11%	48.65% / 43.24%
Net-carrier	8.33% / 25.00%	66.67%
Net-play	10.81% / 13.51%	75.68%
Net-art	13.51% / 8.11%	78.38%
Net-class	13.51% / 10.81%	75.68%
Data-net	21.62% / 27.03%	51.35%
Net-hard	8.11% / 2.70%	89.19%
Net-folder	8.11% / 35.14%	56.76%
Office-net	16.22% / 27.03%	56.76%
Design-net	8.11% / 27.03%	64.86%
Happy-net	8.11% / 2.70%	89.19%
Carrier-net	18.92% / 13.51%	67.57%
Game-net	8.11% / 16.22%	75.68%
Edu-net	10.81% / 13.51%	75.68%

표14. 이 단어는 과연 영어 단어일까요?

한눈에 봐도 하늘색 막대가 굉장히 높이 솟아 있는 것을 알 수 있다. 그
만큼 영어권 화자들에게는 영어라고 생각되지 않는 단어들이 많은 것이
다. 표13에서 가장 많은 지지를 얻었던 '웹툰' 역시 80% 이상의 학생들에

게 영어로 생각되지 않는다는 답변이 돌아왔다. 뿐만 아니라 '웹서브웨이', '웹투어', '웹튜터', '웹오피스' 등 23개의 단어는 지배적으로 영어 단어가 아니라는 평을 받았다. 이에 반해, '웹메신저', '웹서비스', '웹어플리케이션', '웹프로그래머' 등의 단어는 영어 단어라고 인정받고 있었다. 아울러 '웹트래픽', '웹디스크' 같이 영어 단어인지를 놓고 의견이 분분한 단어도 관찰되었다. 재미있는 것은 '웹디스크'다. 이 단어에 대해서 영국 화자들의 48%가 영어 단어라고 하고, 43%가 아니라고 한 반면, 한국 화자들은 45.9%가 한국어 단어라고 생각했다.

웹과 넷이 들어간 단어 중 국어사전이나 영어 사전에 이미 등재된 것들은 다음과 같다. 각 단어들이 어떻게 조합되었는지를 보여 주기 위해 대괄호 안에 어근이 되는 영어 단어를 적어 두었다.

■ **고려대한국어사전에 등재되어 있는 단어 :**

넷맹[network+盲maeng], 웹디자인[web+design], 웹로그[web+log], 웹마스[web+master], 웹브라우저[web+browser], 웹사이트[web+site], 웹서핑[web+surfing]

■ **표준국어대사전에 있는 것 :**

인트라넷[intra+net], 유즈넷[use+net], 텔넷[tel+net], 웹진[web+zine]

■ **네이버 오픈사전에 있는 것 :**

실버넷[silver+net], 익스트라넷[extra+net], 파이도넷[Fido+Net], 웹에디터[web+editor], 웹폰트[web+font], 웹홀릭[web+holic]

■ **사이트명 :**

커리어넷[career+net], 워크넷[work+net], 에듀넷[edu+net], 미즈넷[miz+net], 뷰티넷[beauty+net], 하이브레인넷[hibrain+net], 고시넷[考試

kosi+<u>net</u>], 복지넷[福祉bokji+<u>net</u>], 넷피엑스[<u>net</u>+PX]

■기타 :

웹투어[<u>web</u>+tour], 모바일웹[mobile+<u>web</u>], 웹관제[<u>web</u>+管制kwanje], 웹소설[<u>web</u>+小說soseol], 웹카툰[<u>web</u>+cartoon], 웹툰[<u>web</u>+toon], 웹보드[<u>web</u>+board], 허브웹[hub+<u>web</u>], 웹문서[<u>web</u>+文書moonseo], 웹호스팅[<u>web</u>+hosting], 웹와치[<u>web</u>+watch], 웹크롤러[<u>web</u>+crawler], 웹서브웨이[<u>web</u>+subway], 웹피플[<u>web</u>+people], 웹디스크[<u>web</u>+disk], 웹하드[<u>web</u>+hard]

그렇다면, 옥스퍼드영어사전에 등재된 단어 가운데는 어떤 것들이 웹과 넷을 포함하고 있을까? 한번 구경해 보자.

■**Web**(referring to the World Wide Web) - web access, web address, web design, web designer, web developer, web publisher, web publishing, web surfer, web surfing, web-aware, web-based, web-centric, web-ready, web author, web browser, web crawler, web-enabled, web page, web ring, web server, web cast, weblog(ger), webliography, web site, webmaster, webzine

■**Net**(Referring to the Internet) - net access, net connection, net traffic, net use(r), net surfer, net neutrality, BOTNET, Ethernet, Extranet, Intranet, Netcast(er), netizen, netiquette, netscape, net-cast(er), Nethead, net ring, Usenet

웹스터 사전에는 또 다음과 같은 단어들이 있다.

- **Web** - webcam, webcast, <u>webcaster</u>, <u>webinar</u>, <u>webisode</u>, <u>web lead</u>, <u>weblog</u>, webmaster, web member, <u>website</u>, <u>webzine</u>,
- **Net** - <u>netbook</u>, netiquette, netizen

한국어와 비교하면, 영어에는 웹과 넷이 붙은 단어가 그리 다종다양하지 않음을 알 수 있다. 그런데 또 중요한 것은 이와 같은 단어들이 사전에만 별로 안 보이는 것이 아니라 실제로 잘 쓰이지도 않고, 환영 받지도 않는다는 점이다.

네티즌, 네티켓의 사용에 대해서 어떻게 생각하십니까?

다음은 국립국어원에서 조사한 외래어에 대한 국민의 인지도, 이해도, 사용도를 한국제 영단어의 의미역을 중심으로 나누어서 분류한 표이다. 대개의 단어가 세 영역에서 연령에 상관없이 50% 이상의 높은 점수를 받고 있다. 이 중에는 소위 어려운 전문 용어에 해당하는 영어 단어도 많이 있는데, 대부분의 정보 산업 관련 단어 등이 이에 속한다. 아래 단어 중에서 굵게 표시한 단어는 영어 화자들이 보았을 때 그 뜻을 잘 파악하지 못한 경우이다.

범주	영신어	인지도	이해도	사용도
	네티즌(netizen)	86.3%	80.9%	75.1%
	다운로드(download)	81.7%	78.8%	74.4%
	데이터(data)	83.3%	78.3%	72.8%
	데이터베이스(database)	74.3%	68.5%	60.4%
	디지털(digital)	92.8%	85.1%	83.7%
	디카(digital camera)	90.6%	86.2%	83.7%
	로밍(roaming)	70.8%	65.1%	56.9%
	멀티미디어(multimedia)	85.5%	78.1%	73.6%
	백업(backup)	76.2%	73.5%	67.9%
	블로그(blog)	76.2%	70.0%	67.7%
	사이트(site)	86.9%	83.1%	79.9%
	소프트웨어(software)	84.4%	77.4%	74.8%
	스팸 메일(spam mail)	79.8%	77.1%	73.5%
	오프라인(offline)	79.2%	75.4%	70.4%
	온라인(online)	89.5%	84.5%	82.9%
	유비쿼터스(ubiquitous)	68.1%	57.3%	50.6%
	유시시(UCC=User created contents)	74.4%	65.9%	60.2%
정보산업	이러닝(eLearning)	51.2%	46.0%	37.7%
(IT/ Technology)	이모티콘(emoticon)	73.2%	66.9%	63.4%
	캡처(capture)	72.2%	66.1%	62.3%
	하드웨어(hardware)	81.0%	75.3%	70.6%
	하이브리드(hybrid)	54.0%	43.7%	38.0%
	홈페이지(homepage)	89.1%	86.3%	82.9%
	셀카(self-camera (-photograph)	66.9%	63.6%	57.7%
	네트워크(network)	88.8%	81.6%	74.3%
	내비게이션(navigation)	92.4%	89.0%	84.2%
	스크린 도어(screen door)	72.1%	65.7%	50.0%
	네티켓(netiquette)	68.4%	67.9%	54.4%
	프로그램(program)	89.2%	86.0%	86.0%
	힌트(hints)	93.2%	91.8%	89.3%
	컬러링((mobile) coloring)	82.4%	78.1%	74.6%
	매뉴얼(manual)	80.6%	76.6%	69.1%
	네거티브(negative)	70.2%	58.9%	43.4%
	노하우(knowhow)	93.2%	90.0%	87.0%
	코드(code)	89.0%	85.0%	81.3%
	피크(pick)	79.5%	76.6%	70.7%

범주	영신어	인지도	이해도	사용도
비즈니스 (Business/ Management)	벤치마킹(benchmarking)	71.5%	63.8%	55.3%
	마케팅(marketing)	89.5%	83.0%	77.1%
	벤처기업(venture business)	90.3%	84.1%	77.2%
	펀드(fund)	89.9%	82.4%	76.6%
	컨설팅(consulting)	86.0%	74.9%	64.0%
	갭(gap)	72.2%	69.1%	57.7%
	덤핑(dumping)	81.9%	75.7%	62.2%
	로열티(royalty)	84.4%	79.9%	70.3%
	리스(lease)	52.3%	46.9%	36.6%
	리스크(risk)	62.3%	58.4%	46.0%
	리콜(recall)	86.1%	82.9%	71.3%
	리필(refill)	86.4%	83.7%	80.6%
	마일리지(mileage)	88.8%	84.1%	79.3%
	쇼핑호스트(shopping host)	**83.2%**	**79.4%**	**67.5%**
	스태프(staff)	83.3%	79.1%	73.0%
	아웃렛(outlet)	83.4%	76.8%	74.0%
	인센티브(incentive)	80.4%	76.2%	68.5%
	인터넷뱅킹(internet banking)	90.8%	86.6%	82.6%
	코디네이터(coordinator)	84.5%	80.6%	73.2%
	프레젠테이션(presentation)	74.7%	69.3%	65.1%
	프로젝트(project)	86.0%	81.2%	75.5%
	풀타임(fulltime)	83.6%	81.3%	73.7%
	투잡(new) (two job(s))	**77.3%**	**74.3%**	**67.0%**
사회/문화 (Society/ Culture)	보이콧(boycott)	62.1%	54.7%	42.2%
	옴부즈맨(ombudsman)	53.4%	42.2%	33.1%
	캠페인(campaign)	93.4%	90.2%	87.0%
	이벤트(event)	91.8%	87.8%	83.8%
	웰빙(new)(wellbeing)	**93.5%**	**89.4%**	**87.3%**
	트렌드(trend)	77.0%	72.0%	65.1%
	핫이슈(hot issue)	82.1%	77.9%	68.9%
	프라이버시(privacy)	87.3%	84.1%	80.9%
	코믹(comic)	91.0%	87.6%	81.6%
교육 (Education)	로스쿨(law school)	74.2%	67.3%	56.6%
	커리큘럼(curriculum)	64.4%	57.5%	51.2%
	심포지엄(symposium)	73.5%	66.6%	56.2%
	워크숍(workshop)	79.3%	72.2%	64.0%

범주	영신어	인지도	이해도	사용도
스포츠/레저 Sports/leisure	페널티(penalty)	78.0%	71.6%	62.6%
	룰(rule)	86.8%	84.8%	79.7%
	어필(appeal)	82.1%	78.6%	73.5%
	핸디캡(handicap)	83.4%	79.7%	72.5%
	올인(all-in)	85.2%	81.1%	76.6%
방송 (Media)	콘텐츠/컨텐츠(contents)	79.5%	71.7%	66.0%
	콘셉트/컨셉(concept)	81.9%	77.3%	72.5%
	부킹(booking)	86.7%	79.1%	69.8%
	미디어(media)	84.6%	77.3%	71.6%
	멘트((state-)ment)	**87.2%**	**84.3%**	**78.0%**
	브리핑(briefing)	81.6%	76.9%	67.9%
	시나리오(scenario)	88.0%	84.4%	78.4%
	오디션(audition)	88.3%	83.6%	76.1%
	파파라치(paparazzi)	85.1%	81.6%	71.8%
건강 (Human/ Health)	스트레스(stress)	95.1%	93.4%	91.7%
	스킨십(skinship)	**88.8%**	**85.7%**	**80.7%**
	카리스마(charisma)	90.2%	86.3%	82.7%
	다크서클(dark circle)	**80.5%**	**77.1%**	**71.1%**
	프라이드(pride)	85.0%	81.9%	74.8%
	호스피스(hospice)	67.5%	63.1%	49.3%
일반 (General)	가이드라인(guideline)	72.7%	57.7%	39.0%
	미션(mission)	83.3%	78.1%	71.0%
	비전(vision)	88.1%	83.6%	80.1%
	샘플(sample)	93.9%	92.3%	89.9%
	선팅(tinted windows)	91.3%	89.4%	84.6%
	트러블(trouble)	86.1%	82.6%	78.4%

표15. 영신어 인지도, 이해도, 사용도(2007)

위의 표를 보면, 앞에서도 언급한 것처럼 정보 산업 분야에서 신어가 굉장히 많이 발견되는 것을 알 수 있다. '네티즌', '다운로드', '데이터'와 같은 단어는 일상생활에서 매우 빈번하게 쓰이고 있으며, 소위 모르면 간첩 취급을 받는 말이 되었다. 그런데 우리에게는 자명한 단어들이 영국에서는 별로 자명하게 여겨지지 않는 경우가 많다. 영국 신문에서 '네티켓' 같은 단어는 신문에서 정보 통신 특별 섹션에 따옴표를 붙여서 나타나는 정도이다.

이 단어는 2003년에 옥스퍼드 영어사전에 추가되었으나, 필자는 12년 동안 영국에 살면서 방송에서 이 단어가 실제로 발음되는 것을 단 한 번도 듣지 못했다. 반면 한국에서는 초등학교 5학년 교과서에서부터 네티켓을 다루고 있다. 다음 표에 보면, 세대간 차이는 다소 있을지언정 네티켓은 20대부터 40대 사이에서 인지도와 이해도 모두 70%에 육박하는 단어다.

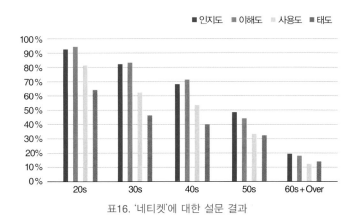

표16. '네티켓'에 대한 설문 결과

그러나 사실 영어 종주국인 영국에서 이와 같은 단어들은 인기도 없고, 환영받고 있지도 않다. 영국의 한 대학 교수에게 질문을 했다.

Q : 왜 '네티즌'이나 '네티켓'을 사용하지 않으십니까?

A : 그 단어들은 정말로 이상합니다. 최악입니다. 단어라고 생각하지 않고, 이런 단어들 때문에 영어가 수난을 겪는다고 생각합니다.

위의 답은 대부분의 영국 사람들의 말과 글 생활에 반영되어 나타난다. 그 이유는 무엇일까? 영국 사람들은 왜 이렇게 신어에 대해 거부감을 느끼는 걸까? 이에 대한 해답은 소설 '1984'와 '동물 농장'의 저자 조지 오웰 George Orwell이 1946년에 쓴 '정치와 영어'라는 책에서 찾아볼 수 있다.

그림34. 조지 오웰(George Orwell)

"쉬운 말로 쓸 수 있으면 쉬운 말로 표현하고, 절대로 일부러 외래어나 과학적인 혹은 전문적인 표현을 쓰려고 하지 말라."*

오웰의 원칙에 따르자면, 모든 사람이 쉽게 이해할 수 있는 말이 아닌 신어를 만들어서 쓰는 것은 별로 바람직하지 않은 행동이다. 오웰의 이 원칙이 영어에 반영된 부분에 대해서는 뒤에서 다시 이야기하겠다.

---

* Never use a foreign phrase, a scientific word or a jargon word if you can think of an everyday English equivalent. (Orwell, 1946)

2. 소셜의 세계

    고려대한국어대사전에는 '소셜(social)'이라는 단어는 없지만, 소셜 네트워크, 소셜 미디어, 소셜 커머스 같은 단어들이 등재되어 있지 있다. 이 단어들 모두는 하나같이 인터넷 혹은 온라인과 관련되어 있다. 적어도 현재 우리말에서 '소셜'이라고 쓰면서, 인터넷이나 온라인과 접목되지 않는 경우는 없다. 영어에서 'social'이 이와 같은 의미를 갖기 위해서는 'network' 같은 단어나 'media'와 같은 단어와 함께 쓰여야 한다. 그렇지 않으면 1차적으로 담고 있는, 우리말의 '사회적인'과 같은 의미로 쓰이게 된다. 이와 비슷한 또다른 예가 있다. 요즘 영어에서 'friend'는 단순히 친구만을 의미하지 않는다. 요즘 젊은이들은 페이스북과 같은 소셜 미디어란 맥락에서 이 단어를 생각한다. 사실, 친구가 몇 명인가 하는 질문은 대답하기에 쉽지 않다. 이런 질문이 존재한다는 것조차 우습다. 그러나 이 질문이 더 이상 이상하지 않게 된 것은 페이스북 같은 소셜 미디어의 사용이 늘어나고 있기 때문이다. 옥스퍼드영어사전에서도 2013년 3월에 'friend'에서 나온 말로 'unfriend'를 추가하였는데, 소셜 네트워크 웹사이트의 연락처 목록에서 '친구를 삭제하는 것'이라 정의하고 있다.

    이쯤에서 최근 한국어에서 즐겨 사용되는 몇 가지 소셜 네트워킹 관련 단어들의 쓰임을 한번 살펴보기로 하자.

LTE - 룻폰?

'LTE' 는 'Long-Term Evolution'의 준말이다. 2013년 한국에서는 굉장히 보편화된 단어지만, 영국에서는 거의 쓰지 않는 단어이기도 하다. 조선일보와 동아일보에서 찾아보니, 대략 2007년쯤 이 단어가 등장한 것으로 보이며, 동아일보에는 그간 이 단어가 1,458번 정도 등장하였다. 소셜 메트릭스를 통해 보니, 2013년 9월 한 달 동안 블로그 글에서는 8,175건, 트위터에서는 146,844건 LTE라는 단어가 발견되었다. 그리고 상품명을 제외하고는, 함께 나타나는 표현으로 '속도'가 주목할 만하다. 이는 LTE 통신을 생각할 때 한국 사람들은 통신의 '속도'가 더 빨라질 것으로 예상한다는 것을 보여준다. 언급했듯 영국 사람들에게 LTE 란 단어는 아직도 매우 생소한 단어이다. 가디언 신문에서 이 단어는 2010년에 처음 등장하였고, 현재까지 545번 등장한 가운데 90% 이상이 2012년과 2013년에 사용되었다.

그림35. LTE 핸드폰

SNS

'SNS'는 'Social Network Service'의 준말이다. 한국에서 SNS라는 단어는 9시 뉴스와 같이 영향력이 큰 방송에서도 자주 등장하는 단어이다. 그렇지만 영국에서는 이 단어를 모르는 사람이 대부분이다. 아래 그래프에서도 볼 수 있듯 2009년을 기점으로 동아일보에서 SNS라는 단어를 사용한 정도는 대폭 증가했지만, 타임지(The Times)나 가디언에서는 그 쓰임이 크게 증가하지 않았다.

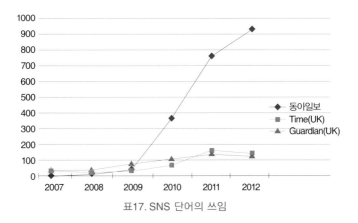

표17. SNS 단어의 쓰임

뉴욕 타임즈에서 SNS를 검색해 보니 2013년 2월 다음과 같은 헤드라인의 기사가 실렸는데, 헤드라인에 SNS가 등장한 것은 이 예가 유일무이했다.

Dutch Government Takes control of SNS Reall.

흥미롭게도 가디언에서는 2011년에 발행되었던 신문에 SNS가 등장했던 적이 있었는데, 그 SNS는 Sympathetic Nervous Systems의 약자로,

교감신경계를 뜻하는 의학 용어이다.

Negative

네거티브라고 음역해서 쓰는 이 단어는 우리말에서 주로 선거와 연관되어 관련해서 쓰인다. 네거티브 시스템이나 네거티브 방식 등이 새로 어휘장에 더해지기도 했다. 최근, 신문에서는 다음과 같은 기사들을 찾아볼 수 있다.

> 박근혜 대통령이 경제 활성화를 위해 모든 규제를 네거티브 방식(원칙적 허용, 선별적 금지)으로 바꾸겠다고 밝혔지만 현장에서의 실상은 그렇지 않다는 목소리가 많다.
>
> (동아일보 2013.09.18)

> 그는 "한국은 모든 규제를 '원칙허용, 예외금지'의 네거티브 시스템으로 전환하는 것을 원칙으로 삼고 규제를 과감히 철폐해 나가고 있다.
>
> (동아일보 2013.10.07)

영어에서 역시 'negative'는 선거와 관련하여 사용되기도 한다. 그러나 뒤에 따라오는 명사 없이 그 자체로서 한국어에서처럼 특성화된 의미를 갖지는 않는다.

3. 커피 마시는 나라

    목적어 생략이 매우 드문 영어에서 가끔씩 목적어를 생략한 채 'drink'를 동사만 쓰는 경우, 그것은 자연스럽게 '술을 마시다'라는 뜻이 된다. 구글에서 영국의 보건 복지부에 해당하는 NHS와 drink라는 동사를 함께 검색해 보면, 십중팔구 술잔이 보일 것이다. "Don't drink too much."라고 말을 대부분의 영국인들은 술을 너무 많이 마시지 말라는 의미로 해석할 것이다.

    그런데 어느 순간 한국어에서 '마시다'라는 동사는 언젠가부터 술도 물도 아닌, 커피를 목적어로 취하는 경우가 많아졌다. '커피스텔'이라는 신조어가 생길 정도로 요즘 우리나라의 신세대 문화를 이야기할 때 커피 문화 혹은 카페 문화를 빼놓을 수 없다. 다음 소프트에서 제공한 자료에 따르면, 2008년에서 2011년 사이에 나타난 2억 건 정도의 데이터를 분석한 결과 '마시다'는 술보다도 커피와 함께 더 많이 사용되었다고 한다.[*]

---

[*]   이 자료를 제공해 준 다음소프트 송길영 부사장님께 감사한다.

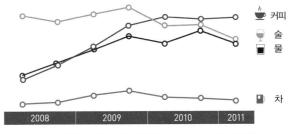

표18. 커피가 물을 앞서다(자료 : 다음소프트 제공)

자료는 최근의 한국 사람들이 '마시다'라는 동사를 물이나 술보다는 커피와 함께 더 자주 쓰고 있음을 보여 준다. 표를 살펴보면 '마시다'와 가장 많이 쓰인 음료는 2008년 '술'에서 2011년에 '커피'가 되었다. 커피 마시는 문화가 오늘날 대한민국 문화에 얼마나 중요한 부분을 차지하는지를 잘 보여 주는 예이다. 물론 소셜 미디어에 나타난 자료만으로 이제 한국인들은 술보다 커피를 더 많이 마신다는 일반화를 하기에는 많은 무리가 있다. 다만 우리의 말과 삶이 어떻게 변화했는지를 보여 주는 하나의 지표 내지는 인디케이터(indicator)로써 이와 같은 자료들은 우리에게 중요한 직관을 제공해 준다고 할 수 있다.

이렇듯 어느 순간부터인가 커피를 마시는 문화가 우리의 문화 속에 자리를 잡게 되었다. 그리고 이 커피는 구체적으로 과거의 소위 인스턴트 '다방' 커피가 아니라, 원두를 '내려 마시는' 커피를 의미한다. 커피를 마시는 장소 또한 '커피 전문점'으로 과거의 다방과는 차별화되어 있다. 다방에 가서 에스프레소를 찾는 사람도, 커피 전문점에 가서 쌍화차를 찾는 사람도 많지 않을 것이다. 90년대 중반을 걸쳐 70~80년대의 다방은 커피 전문점이라는 새로운 개념의 커핏집으로 전환되었다. 다음은 2013년 현재 업종별 전화번호부를 통해 살펴본, 다방과 커피 전문점의 분포이다. 커피 전문점이 월등히 많음을 알 수 있다.

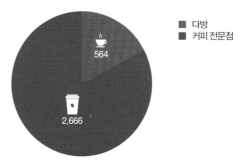

564

2,666

■ 다방
■ 커피 전문점

표19. 전화번호부를 통해 살펴본 다방 수 vs. 커피 전문점 수(서울)

2013년 6월부터 8월 사이의 소셜 메트릭스를 살펴보니, 다방과 가장 많이 쓰이는 단어로는 동네가 있었다. 반면에 커피숍과 함께 쓰이는 단어들로는 카페, 창업, 맛, 분위기 등이 있었다. 그렇다면 커피는 어떨까? 커피와 함께 쓰이는 고빈도 단어는 이벤트, 카페, 맛, 아메리카노 등이었다. 커피가 가지고 있는 의미와 커피숍이 가지고 있는 의미가 거의 같은 선상에 있음을 알 수 있다. 다방만 같은 의미군에 포함되지 않는 것이다. 다음 표는 지난 5~6년 사이 우리나라에서 커피 전문점이 얼마나 빠른 속도로 증가했는지를 보여 준다.

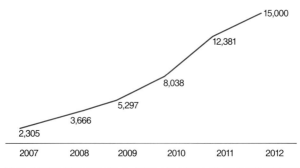

표20. 연도별 커피 전문점 수 (출처 : 조선일보 2013년 8월 23일자)

한국에는 영국이나 다른 유럽 국가에서조차 잘 알려지지 않은 커피가 특화되고 유행을 타는 경우들도 종종 생겨나고 있다. 예를 들면, 언제부터인가 아이스크림 위에 진한 에스프레소(Espresso)를 얹어 내는 디저트인 아포가토(Affogato)가 유행하여 여러 커피 전문점에서 찾아볼 수 있게 되었다. 그러나 적어도 영국에서는 이런 종류의 커피가 아직 익숙하지는 않다. 뜨거운 물이 아닌 찬물을 이용하여 오랜 시간을 들여서 우려내는 더치 커피(Dutch Coffee) 또한 한국에서 마니아들을 중심으로 유행하다가 최근 대중적으로 알려지기 시작했으나, 이 역시 서양에서는 별로 친숙하지 않은 커피이다.

그림36. 아포가토   그림37. 더치 커피

다방에서 커피 전문점 혹은 커피숍으로의 전환뿐만 아니라, '영어가 대세인' 커피 전문점의 상호 역시 여러모로 흥미롭다. 전화번호부를 통해서 서울 시내 커피 전문점의 이름들을 살펴보았다. 대부분의 커피 전문점 상호가 부분적으로나마 영어 단어를 포함하고 있었으며, 커피 전문점이 다방에 비해 월등히 많이 분포했다. 재미있는 것은 대부분의 영어 상호가 정작 영미권 화자들에게는 어색하거나 이상하게 들린다는 점이다. 우리에게는 신선하게 들릴지도 모르는 이름들을 두고 영미 화자들은 대부분 '이것

이 어떻게 커피 전문점 이름이 될 수 있는지 의문'이라는 반응이었다.

영어 마케팅 - 단어 마케팅

단어를 이해하기 위해서는 그 단어가 쓰인 문화와 언어적 맥락을 이해해야 한다. 어떤 단어도 문화와 맥락 밖에선 진정한 의미를 찾을 수 없다. 이것은 비단 고유어나 토종 단어에만 해당되는 말은 아니다. 외래어나 외국어 역시 마찬가지다. 출생지로서만 분류한다면, 이방인일지라도 이 단어들을 이해하려면 이 단어가 새롭게 심겨진 언어 토양에서 어떻게 성장하고 자라났는지에 대한 맥락을 이해해야 한다. 한국어 속의 영어 단어들 역시 그 출발은 영미권에서 이루어졌겠지만, 그 단어의 특성과 의미를 정확히 파악하기 위해서는 우리말에서의 생성, 성장 배경과 사용되는 맥락을 잘 살펴보아야 한다. 만일 유럽의 기업들이 우리나라에서 마케팅을 한다고 치면, 우리가 주로 영어를 어떤 식으로 쓰는지, 우리말의 영어 단어가 어떤 독특한 특성을 지니는지를 이해해야 할 것이다.

영국 런던 시내 중심에 있는 코벤트 가든(Covent Garden)에서 보는 카페 이름들은 다 하나 같이 단순하다. 눈에 띄는 카페 이름은 별로 없다. 우리나라의 114에 해당하는 옐로우 페이지란 사이트(www.yellowpage.co.uk)를 통해서 이 지역에 있는 커피숍 152개를 찾아보았더니 103개의 장소가 이름 안에 'Café'를 포함하고 있었다. 가장 무난하며 자주 발견되는 커피숍 이름은 누구누구의 또는 어디 어디의 Café 이었다. Gerry's Café (사람 이름+Café), Café Milano (Café+장소 이름), Tower Café (보통 명사+Café)처럼 말이다.

한국의 카페나 커피숍은 대부분 영어로 이름 지어진 곳들이 많은데, 참 다종다양한 이름을 갖고 있다. 개중 눈에 띄는 카페 이름은 A Twosome Place 이다. 영국 학생들에게 A Twosome Place가 커피숍 이름이라고 했을 때, 모두 신기하고 이상하다는 표정을 지었다. 그리고서는 이 단어의 뜻을 알겠냐는 질문에 모두 잘 모르겠다며 커피숍의 이름으로는 부적절하게 들린다고 말했다. 상호에 관사 a 를 쓴 것 또한 어색하다고 했다. 그런데도 한국에서는 이런 이상하고 신기한 영어 이름들이 영어 단어로서의 합법성에 상관없이 유행을 끌고 인기를 모은다. 만일 국내에 들어온 영국 기업이 서울에 '누구누구의 커피숍'이라는 이름으로 카페를 낸다면 이목을 끌기 어려울 것이다. 이 기업의 마케팅 팀은 반드시 한국에서 인기 있는 영어 상호명은 다소 이상하고 신기할 수 있지만, 커피가 자아내는 분위기와 연관되는 경향이 있음을 이해해야 할 것이다. 마찬가지 맥락에서, 한국 기업이 영국에 진출하여 요즘 유럽에서 인기를 얻고 있는 동양의 차를 마실 수 있는 티숍을 낸다고 가정해 보자. 우리나라 커피숍처럼 애매모호한 영어 단어를 써서 상호를 정한다면, 주목을 끌어내기보다는 사람들에게 부정적인 이미지만을 심어 주게 될 것이다.

카페, 까페, café

그러나 사실 요즘은 커피 전문점이란 말보다도 2음절어인 '카페' 혹은 '까페'를 더 많이 쓰는 것 같다. 사전에는 '까페'가 아닌 '카페'가 맞는 표기라고 되어 있지만, 조선일보나 동아일보 등의 대표적인 일간지에서도 까페라는 단어를 쉽게 찾을 수 있다. 그러니 까페라는 말을 상호에서 발견하는 것은 아주 쉬운 일이다. 고려대한국어대사전에는 카페가 '각종 차와 음료, 주류나 간단한 서양식 음식을 파는 소규모 음식점'이라고 나와 있다. 또 카페가 들어간 단어로 라이브 카페, 북 카페, 사이버 카페, 인터넷 카페, 카페테리아, 카페촌 등이 등재되어 있다. 소셜 메트릭스에 2013년 7월부터 10월까지 사이에 카페는 1,384,428건 나타났다. 블로그에서는 537,363건, 트위터에서는 847,065건이 각각 나타났는데, 재미있게도 카페와 연관있는 단어 1위는 총 129,770번이나 나타난 블로그였다. 물론 온라인상에서의 단어 쓰임은 현실에서와 동일하지 않다. 온라인상에서 쓰이는 카페는 인터넷 동호회라는 의미로, 블로그와 연관성을 가졌던 것이다. 그러나 영어나 불어에서 카페라는 말은 인터넷 동호회라는 의미를 내포하고 있지 않다. 우리는 '마시다'라는 동사뿐만 아니라 '가입하다', '탈퇴하다'와 같은 동사도 카페라는 단어와 함께 떠올리지만 영어에선 그렇지 않다는 말이다. 영어에서는 동호회를 의미할 때는 'community'나 'club'을 쓴다. 우리말에서 카페가 인터넷 동호회를 의미하게 된 것은 재미있는 현상이다. 소셜 메트릭스에서는 카페와 관련된 또 다른 연관어들로 좋다, 맛있다, 분위기 좋다, 예쁘다 등이 아주 높은 순위에 나타났다.

여러 종류의 새로운 커피들을 필두로 이와 비슷한 류의 카페에서 마실 수 있는 고급 음료들이 생겨나기 시작했는데, 역시 우리나라만큼 창의적으로 아이템을 만들고 이름을 짓는 곳이 흔치 않다. 원래 우유를 뜻하는 '라떼'라는 말을 쓰는 경우, 유럽, 적어도 영국에서는 대체로 카페라떼 한 종류를 연상한다. 그런데 한국에서 라떼라고 했을 때는 커피만 떠오르게 하지 않는다. 녹차와 홍차, 고구마, 단호박, 딸기, 곡물, 복숭아 등 여러 가지 재료와 스팀이 된 우유를 섞어 다양한 라떼를 만들고 이름을 짓는 광경을 주변에서 쉽게 찾아볼 수 있다.

그림38. 녹차 라떼

4. 톡톡 튀는 문화 :
세상에 이런 일이 - 세상에 이런 말이?

톡톡 튀는 문화는 톡톡 튀는 말들을 만들어 낸다. 한국어 어휘장에는 요즘 세상에 이런 말이 있나 싶은 단어들이 넘쳐 난다.

다음은 2009~2012년 트렌드 코리아 신어 조사에 나타난 단어 중에서 영어가 조금이라도 들어간 경우를 포함하여 몇 가지 신어의 예들을 뽑아 본 것이다. 단어들을 관련 영역별로 분류해 보았다.

(i) 정보 통신 산업(IT) 관련어들 :

스마트부머, 소셜노믹스, 노링크 노타이족, 트윗슈머, 트친소, 알튀(RT), 스마트폰 과부, 스마트 모잉, 검지족, 네티즌 수사대, 인육검색, 코글링, 아이팟 세대, 소셜네트워크데이트, 스마팅, 페이스북 피로감, 디지털 치매 증후군, 트라이버전스, 모빌라우드, MSC, 테크파탈, 게이미피케이션, 프리미엄, 스마툰, 애크하이어, 와이파이 셔틀, 하트셔틀, 주커버그 꼴 됐다, 스크린 에이저, 네티건, 근친언팔 상사블록, 사회공학적 해킹, 디지털 단식, 구글로라, 라이티즌, 하트공해, 코얼리어답터, 카톡 왕따, 트위터러처, 앱테크, 더블폰족, 패블릿, 방어보행, 마우스 포테이토, 노모포비아, 브로그래머

(ii) 웰빙-라이프 스타일-의식주 관련 단어들 :

하객패션, 공항패션, 남자 밥상, 퍼스트 옴므, 맨들, 맨키니, 머스, 머얼리, 맨티호스, 하의실종, 블레임 룩, 황사능, 슈퍼 쿨비즈, 맨케이브, 에코 화이트, 베코올, 등교 패션, 헬프족, 로엘족, 파도녀, 운도녀, 커피스텔, 에코 바캉스, 강남 쏘나타,

자발적 검소함, 하이브리드 카페

(iii) 최근의 사회-경제 단어들:

이구백, 장미족, NG족, 필터링, 에스컬레이터족, 토폐인, 강의 노마드족, 취업품앗이, 메뚜기 인턴, 행인, 이퇴백, 삼초땡, 디지털 스터디즈, 알부자족, 런치 노마드족, 머피아, 훈테크, 스테이케이션, 인트라바운드 여행, MBA, 액서게임, 위미노믹스, 골든 앤트, 다이아미스터, 베이비부메랑, 루비족, 프로아나, 멘세션, 산드라 블록 증후군, 프렌디, 걸퍼족, 도시락남, 인스턴트 가족, 스피드 이혼, 산훈, 산리, 혼수임신, 벨크로 부모, 미성숙 우울증, 금턴, 범NG족, 학교표류족, 슈퍼스펙, 저질스펙, 스펙강박증, 스펙리셋, 뚱돼지 신드롬, 언프렌드, 다운 재테크, 폴리슈머, 연아노믹스, 보라바이트, 볼런테인먼트, 볼런투어, 볼레저, 코피스족, 웨저, 찰나족, 프레너미, 폴리터, 아바타 선거, 타조세대, 삼포세대, 거마대학생, 청년실신, 생활스터디, 분노의 새대, 592유로(91만원) 세대, 샤미주, 피시플레이션, 시베츠, 차화정, 금격살, MICE, 카칭족, 나토족, 오피스브런치족, 런치투어족, 오피스 스파우즈, 백투족, 마미옴므, 와이프보이, 모피스족, 미시렐라, 3S 여성, 쇼퍼테인먼트, 펀핑, 샤테크, 팸셀족, 셀럽 경제, 스크린셀러, 꼬레드 꼬레, 뽀통령, 팩션, 패스트 코스메틱스, 인강 증후군, 플래시롭, VIB족, 얼리키즈, 애묘족, 무연사회, 고족사회, 폴리스패머, 주폭, 명절우울증, G20 세대, P세대, 역리터니, 유로겟돈, 그렉시트, 스페닉, 동전 마케팅, A매치 데이, 사이트 전형, 카페라떼 효과, 취톡팸, 앱테크, 원코인 런치, 미스트, 시스테믹 리스크, 재정절벽, 베이징방, 푸어현상, 허니문푸어, 자영업 푸어, 에듀 푸어, 렌트푸어, 월급고개, 출첵 스터디, 밥터디, 스패닉, 퀴텔리, 스펙시트, 팬플레이션, 소셜림픽, 런던 오심픽, 아하모멘트, 파랑새증후군, 남아공, 수다날, 6무 세대, 3G, 피터의 법칙, 교육 사다리, 슈퍼이어, 3080 시대, 우유 주사, 페이스펙, 명후조리, 조손가정, 회전문 인사, 루르바니스모, 녹조라떼, 인쇼아카, 린세니티, 간장녀, 간장남, 젯셋족, 애니팡 폐인, 싱글마던트, 몰캉스족, 영품족, 투글족, 공휴족, CC족, 낙바생, 슈퍼고졸, 커우커우족, 키친드링커, 펭귄부부, 백캉스, 솔로 이코노미, 리서슈머, 트레저헌터, 리테일먼트, 쇼루밍

(iv) 신세대 문화와 관련된 단어들 (신세대 문화어) :
건어물녀, 육식녀, 초식남, 품절남, 부친남, 엣지 있게, 꿀벅지, 차도남, 차조남, 심남, 포켓남, 온미남, 냉미남, 베이글남, 건므파탈, 반들녀, 베이글녀, 풍차녀, 혈녀, 중2병, 완판녀, 싱크로율, 미친 존재감, 약정승계 오빠, 성지순례, 파워블로거지, 월급 루팡, 월급 로그인, 월급 로그아웃, 능청남, 얼빠, 버터페이스녀, 우유녀, 종결자, 갑(甲), 느님, 열폭, 병맛, 만개녀, 고갱님, 효린 90초 효과, 모두까기 인형, 매너손, 리즈 시절, 설리, 엄마크리, 장미단추, 시월드, 행쇼, 웃프다, 티아라놀이, 종범, 종특, 케미, 내기부, 내기부앓, 생정, 닉값하네, 지성파크레인저스, 기승전돔, 피해자 코스프레, 꿀보직, 롤드컵, 유리멘탈, 평타취, 세로반전(세로드립), 뺑글랜드, 흑역사, 어그로, 만렙, 흔남, 흔녀, 금사빠, 병청자, 트통령, 포모남, 냉동참치, 멘붕포텐

새 단어 증후군?

　이 단어들 중에는 처음 보는 단어도 있고, 사라진 단어들도 있을 것이다. 또 보기만 해서는 뜻을 추론하기 어려운 단어들도 여럿 있을 것이다. 영국에 사는 필자에게 위의 단어들 대부분은 생소하다. 이 단어들의 뜻을 이해하려면, 특정한 사회 문화 맥락 속에 들어가야만 한다. 그렇다면 사람들은 왜 이렇게 많고 많은 새로운 단어를 만드는 것일까? 물론 뜻을 더

명확하고 간결하게 표현함으로써 효과적인 의사소통을 도모하고, 말하는 바를 명확하게 할 수는 있다. 그러나 '쏟아지듯' 나타나는 신어들을 보면 현대 한국인들이 마치 새 단어 증후군(new word syndrome)을 앓고 있는 것처럼 보인다. 이는 새로운 단어를 만듦으로써, 스스로 혹은 다른 사람들을 그룹화하고 경계선을 둘러 자신이나 타인, 현상 등을 이해해 나가는 것이 아닌가 싶다. 즉, 이름을 붙이고 이름이 있어야만 이해가 되는 것이다. 그리고 이렇게 명명을 하는 과정에서 한결같이 축약의 방법을 쓴다. 축약을 통해 짧게 만들면, 아무것도 아닌 것이 정말 '무언가 있는 것처럼' 들리는 경우가 많고, 듣는 사람으로 하여금 "아, 그런 말도 있구나. 나만 몰랐네."라고 반응하게 한다. 늘 새로운 것을 추구하는 심리 상태도 이 새 단어 증후군과 연관이 깊다. 또한, 신세대들이 단어를 만들 때 나타나는 주요한 특징 중 하나는 귀에 톡톡 튀도록 약간은 우스꽝스럽게 단어를 만든다는 사실이다. 아마 그렇게 해야 기억이 잘 되기 때문일 수도 있다.

5. 쿨하고 시크하고 엣지 있는 것은?

앞서 의식주 인터뷰에서 살펴본 것처럼 우리나라의 문화적 인프라 구조는 급속도로 서구화되었다. 뿐만 아니라, 우리의 혼과 사상 역시 이제는 영어로 더 잘 표현할 수 있는 부분들이 생겨나기 시작했다. 특히나 젊은 세대들은 '-하다' 등의 우리말 접사에 영어 단어를 붙여 여러 감정 표현을 만들어내고 있다. '쿨하다'와 같은 단어가 이에 속한다. 우리가 날마다 사용하는 쿨하다의 의미는 도대체 무엇일까? 쿨하다의 의미를 알아보기 위해서 20대 학생들을 인터뷰를 해 보았다.

■언제 쿨하다라는 말을 사용하십니까?
1. 내가 잘못했는데 상대방이 더 이상 말하지 않고 그냥 넘어갈 때, 어떤 선택이든 쉽고 빠르게 할 때
2. 성격이나 하는 행동이 털털할 때, 인물이 멋있을 때
3. 시크한 사람이나 반응이 엄청 없는 사람을 보고 말할 때, 연예인을 보고 멋있다고 할 때
4. 상대방이 어려운 부탁을 쉬운 부탁 들어 주듯 들어 주겠다고 대답해 줄 때
5. 어떤 상황이나 환경에도 개의치 않아 할 때
6. 바람 자체가 시원할 때
7. 어떠한 일을 망설임 없이 하는 것
8. 무언가를 제안했는데 딱 잘라 거절했을 때, "쿨한데?"

9. 뒤끝 없이 일을 마무리할 때, 서운해 할 만하거나 화나는 일을 아무렇지도 않게 흘러 보냈을 때

'쿨하다'라는 단어처럼, 신세대들은 영어 어근을 갖고 있는 형용사들을 자주 사용한다. 고려대한국어사전에는 쿨하다가 '성격이나 언행이 꾸물거리거나 답답하지 않고 거슬리는 것 없이 시원시원하다'라고 정의되어 있다. 대부분의 형용사가 그렇듯이, 칼로 물 베듯이 분명하고 깔끔한 정의를 찾기는 어렵다. 그렇지만 이 단어를 듣고 대부분의 - 적어도 - 젊은 세대들은 긍정적인 이미지를 쉽게 그려 갈 수 있을 것이다. '쿨하다'라는 단어가 신문지상에 등장하기 시작한 것은 2000년대 초이므로 이는 이제 약 10년이 조금 넘는 역사를 가진 단어이다. 그런데 이렇게 빠른 시기에 이 단어가 우리 삶에 뿌리를 내리고, 적어도 젊은 세대에서는 긍정적인 가치로 널리 쓰이고 있다는 사실이 매우 놀랍다. 아마도 고유어 중 '멋지다' 정도가 쿨하다와 가장 가까운 단어였을 텐데, 실제로 지금 시점에서 멋지다와 쿨하다가 사용되는 맥락은 전혀 같지 않다.

시크한 것의 의미는?

'쿨하다'는 영어에서도 많이 쓰이는 단어다. 그렇지만, '시크하다'는 영어에서는 거의 쓰지 않는 감정 형용사이다. 네이버 사전에는 시크하다의 정의가 '세련되고 멋지다'라고 되어 있다. 예문으로 다음 기사가 일부 올라와 있다.

트렌치코트에서는 액세서리도 중요하다. 스카프와 모자등을 이용할 수 있고, 가방은 조금 큼직한 보스턴백으로 시크한 분위기를 가죽 장갑으로 트렌디하게 분위기를 낸다.

(스포츠 투데이, 2000,10,08)

그림39. 시크한 것의 의미는?

소셜 메트릭스에서 '시크하다'를 검색해 보면 35,963건 정도의 결과를 찾을 수 있다. 그 중에서 '시크'가 나타나는 환경이 되는 연관어로는 느낌, 매력, 스타일, 가을, 컬러, 패션, 아이템, 코디 등 디자인과 패션과 관련된 단어들이 주종을 이루었다. 사실 시크의 기원이 되는 영어 단어 'chic'은 불어에서 온 단어이다. 영어나 불어에서도 마찬가지로 스타일이나 패션 관련 단어들과 함께 쓰이는 표현이다. 그런데 주목할 점은 이 단어가 그렇게 인기 있거나 잘 알려진 단어가 아니라는 점이다. 영어에서는 세련되고 멋진 것을 표현할 때, 'chic' 보다는 'stylish'나 'smart', 'trendy' 등의 단어를 쓴다.

2006년과 2007년에 걸쳐 옥스퍼드영어사전에 덧붙여진 몇 가지 고려 사항(아직 사전에 등재된 정보가 아닌 등재 초안 정보)을 보면 영어에서의 chic은 특정 라이프 스타일이나 문화를 나타내는 단어 뒤에 붙어 합성어를 만든다고 했다. 'junkie chic'이나 'geek chic' 같은 단어가 그러한 예인데, 우리말에서와 그 쓰임이 많이 다른 것을 알 수 있다.

'엣지 있다'의 의미는 도대체 무엇인가?

'엣지 있다' 역시 많이 쓰이는 말이다. 그러나 이 단어는 사실 어떠한 사전에도 정의되어 있지 않은 말이다. 딱 이렇다 하고 정의를 내리기도 어렵기 때문일 것이다. 그러나 요즘 한국 사람들에게 이 단어는 약방의 감초처럼 필요하고, 또 자주 쓰는 단어가 되었다. '엣지 있다'에서 '엣지'는 영어로 'edge'로, 말 그대로 모서리, 날, 끝 등을 의미한다. 날카롭다는 이미지가 강하게 연상되는데, 은유적이거나 비유적으로 쓰이기보다 주로 어떤 물체의 끝을 나타낼 때 쓰는 말이다. 웹스터 사전에는 엣지의 뜻 중에 하나로 'incisive or penetrating quality'라고 설명하며 'writing with a satirical edge'라는 예문을 들고 있다. 즉, 칼로 쪼개듯 맺고 끊음이 분명한 자질을 나타낼 때 'edge'를 쓰기도 하는 것이다. 또 'keenness or intensity of desire or enjoyment'의 뜻과 그에 대한 예로 'lost my competitive edge'가 나와 있다. 어떤 욕망이 강렬함을 나타낼 때 'edge'를 쓰는 것이다. 종합해 보면 영어의 'edge'는 강함, 날카로움, 강렬함 등의 이미지와 연관있는 것이다. 이와 같은 특성은 긍정성과 부정성을 가르는 것이 쉽지 않다. 그런데 한국어에서 '엣지 있다'라는 말은 주로 긍정적 맥락에서 쓰인다. 구글에 '엣지 있다'를 검색하면, 2,250,000 단어나 뜬다. 소셜 메트릭스에는 '엣지 있다'와 관련해서, 스타일, 느낌, 디자인, 패션 등이 눈에 뜨인다.

최근 신문에 엣지 혹은 에지를 검색해 보니 다음과 같은 기사들이 떴다.

'골칫거리' 추석음식 일품요리로 재탄생⋯ '당신은 엣지 있는 주부'

(동아일보, 2013.09.21)

'주군의 태양' 공효진, 쉬는 시간에도 '엣지 있네~'

(동아일보, 2013.09.10)

김윤경은 극 중 수려한 외모와 도발적인 눈매, 엣지 있는 이미지까지 겸비한 은미란 역으로 캐스팅, 정체를 숨기고 있어 궁금증을 자아낸다.

(조선일보, 2013.09.11)

조선일보만 보더라도 엣지가 1,166번, 에지가 1,299번 나타나는데, 이 중 엣지의 연관어로서 566번, 에지로의 연관어로서는 477번 정도로 등장할 정도로 스타일이 고빈도 연관어였다. 이미지 역시 고빈도의 연관어였는데 엣지로 검색하면 190번, 에지로 검색하면 198번 나타났다. 종합적으로 보았을 때, 엣지는 '센스 있는'으로 바꿔 쓸 수 있는 말이라 할 수 있다. 더불어 똘망똘망한 사람의 이미지를 떠오르게 하며, 흐트러짐이 없고 일에 포인트가 있다는 것을 의미하는 것 같다.

V

영어의 미래

(그리고 우리말의 미래)

영어의 미래
(그리고 우리말의 미래)

1. 정체성 고민 : 누구의 영어인가?

   우리는 이 책에서 한국어 속에 숨어 있는 영어 단어의 이야기를 풀어 나가고 있다. 주로 한국어에서 벌어지고 있는 일들을 이야기했는데, 사실 영어도 오랜 기간 많은 변모해 온 언어이다. 과연 우리가 말하는 영어는 지난 100년간 어떤 모습으로 변해 왔을까? 그리고 앞으로는 어떤 모습으로 변해 갈까? 우선, 우리가 영어를 처음 수입하기 시작한, 동시에 영어의 입장에서는 본격적으로 언어를 수출하기 시작한 1910년대의 영어와 그에 대한 담론을 세계적인 권위를 자랑하는 옥스퍼드영어사전 형성의 숨은 이야기들을 통해 살펴보자.

우리와 상황적으로 다른 부분이 있기는 하지만, 영어 또한 지난 100년 동안 우리와 비슷한 언어적, 문화적 충격을 겪어야만 했다. 산업혁명으로 영국인들은 처음 보는 물건들의 이름을 지어야 했으며, 동시에 해외 식민지에서 들여 온 물품들에 대해서 원산지에서 불리던 이름을 적절하게 영어화하거나 새로 명명을 하는 작업을 진행해야만 했다.

그림40. 제임스 와트의 증기 기관(steam engine)

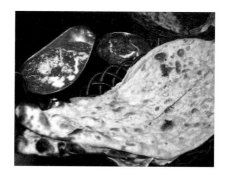

그림41. 인도빵 난(Naan Bread)

문화의 수용에서도 마찬가지였겠지만, 언어 수용에서도 이러한 외부 세력의 모국어 '침입'은 결코 쉽게 해결할 수 있는 문제가 아니었다. 쏟아지는 신문화와 신어들을 모두 수용해야 하는가, 아니면 배척하거나 절제해야 하는가 하는 문제들이 생기기 시작했다.

　이 과정에서 태어난 것이 바로 '영어 사전'이다. 세계적으로 그 권위를 자랑하는 옥스퍼드영어사전(Oxford English Dictionary: OED)의 초대 편집자인 제임스 머레이 박사는 옥스퍼드영어사전의 서문에서 다음과 같이 말했다.

그림42. 제임스 머레이 박사 (James Murray, 1837-1915)

영어가 영국 사람(Englishmen)의 언어라고 한다면, 도대체 여기서 영국 사람은 누구를 가리키는 말일까? 모든 영국 사람의 공통된 언어일까, 아니면 특정 소수 영국인들의 영어일까? 동시에 영국(Great Britain)영어만이 영어의 기준이어야 할까? 미국이나, 호주, 남아프리카의 영어도 영어가 아닌가? (Murray, 1911, p.18)

100년 전 제임스 머레이 박사의 질문은 영어를 수입하고 있는 우리에게도 동일하게 적용될 수 있다. 우리가 영어로 만들어 낸 수많은 단어들은 영어 단어로서 적법한가? 앞서 4장에서 이야기했던 것처럼 필자는 이와 같은 단어들이 영미권으로 역수출하는 것이 가능하고 적절한 문맥만 주어져 의사소통 또한 가능하다면, 해당 단어에는 '이중 국적'을 부여해야 한다고 생각한다. 많은 경우에 이와 같은 판단을 내리는 것이 쉽지 않은 것이 사실이지만 말이다.

그림43. 중심에서 밖으로
(머레이 박사가 제안한 영어의 구조 – 1888,Oxford English Dictionary)

위의 그림은 머레이 박사가 제안한 영어의 체계이다. 여기에서 보면, 그가 생각하는 가장 영어다운 말은 중심에 있는 문학어(literary), 일상어(common), 늘 쓰는 구어(colloquial)이다. 반면에 과학적이거나 전문적인(scientific and technical) 말 혹은 방언(dialectal)에 해당하는 말들, 그리고 비속어(slang)나 외국어(foreign)들은 주변적인 위치에 있다.

그는 이와 같은 밑그림으로 사전을 만들었지만, 어떤 단어가 어느 범주에 속하는지 여부가 그렇게 쉽게 결정되었던 것은 절대로 아니다. 그러나 20세기 초는 지금에 비해 상대적으로 신문화의 진행 속도가 빠르지 않았다. 때문에 몇몇 천재적인 사전 편집자들이 그들의 언어 직관과 열정으로, 새로 생기는 단어들을 잘 포착하고 관찰하여 사전 등재 여부를 고민하고 결정할 수 있었다.

그렇지만 이제는 더 이상 소수의 열정, 열심, 직관으로 사전을 만드는 것이 불가능해졌다. 글로벌 시대를 사는 오늘날, 영어 역시 세계의 언어들이 날마다 쏟아져 들어오고 있기 때문이다. 옥스퍼드영어사전은 1933년과 1986년에 각각 사전의 부록식으로 빠진 단어 목록을 발표했는데, 그 표를 분석해 보면 가장 보수적이라고 볼 수 있는 옥스퍼드영어사전조차 외국어 단어를 점점 수용해 가는 것이 불가피함을 볼 수 있다.

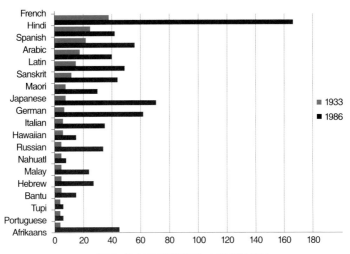

표21. 옥스퍼드영어사전 속의 외국어들
(1933년과 1986년 부록집에 수록된 단어를 중심으로)

이중에서 필자의 눈에 띄는 외국어는 일본어이다. 목록에 포함된 중국
어 단어의 수는 매우 적고, 한국어는 더욱 적다. 그렇지만 영국과 일본은
일찍부터 시작된 문화적 교류로 인해 많은 양의 일본어가 영어에 수입되
어 왔다.

2. 영어 속 외래어들 : 먹을거리를 중심으로

런던에서 살면서 외래어를 가장 많이 찾아 볼 수 있는 것은 외국 음식 식당이나 카페 간판이었다. 1900년대 초반에는 주로 프랑스 식당들이 문을 열기 시작했다. 그러다가 인도 음식점들이 늘어나기 시작했으며, 1960년대를 전후해 중국과 인도 식당들이 급속히 퍼져나가기 시작했다. 요즘 영국에서는 세계 어느 곳의 음식이든 쉽게 맛볼 수 있다. 술이나 음료의 종류 역시 마찬가지다. 한국 교포의 수가 더 많고 한국인 사회도 비교적 잘 정착된 미국의 뉴욕, LA 같은 곳에서는 한국 음식과 문화에 대한 인지도 역시 훨씬 높을 것으로 생각된다. 실제로 뉴욕 타임즈(The New York Times)와 영국의 신문인 가디언, 타임즈들을 비교해 보면 한국어 단어가 영어에 녹아들어 쓰인 예들이 더 많이 보였다. 예를 들면, '학원'과 같은 단어가 뉴욕 타임즈 등에 자주 언급되었다. 이에 대해서는 다음 장에서 다시 언급하기로 하자.

여기서는 잠깐 1950년대 이후의 영국 런던의 식당가를 살펴 보기로 하자.

그림44. 런던의 레스토랑 : 2013년

    1950년대 이전의 런던으로 가서 외식을 한다면, 갈 수 있는 곳은 주로 프랑스, 중국, 인도 식당이었을 것이다. 거기에서 접할 수 있는 음료와 음식 역시 지금에 비해 많지 않았을 것이다. 그러던 것이 50~60년대를 거쳐 크게 변화하기 시작했다. 50년대에는 그리스 음식 등의 지중해 음식들, 그중에서도 일반 사람들이 먹던 음식들이 영국에서 대중화되기 시작했다. 60년대 중반에는 피자가 소개되기 시작했는데, 피자를 만드는 오븐이 1965년 소호에 피자 익스프레스(Pizza Express) 식당이 문을 열 때 영국에 처음 도착했다고 한다. 중국 식당과 인도 식당은 60년대부터 큰 호황을 누렸는데, 가장 인기 있던 메뉴는 카레와 한국 사람들이 탕수육이라고 생각하는 새콤달콤 돼지고기(sweet and sour pork)였다.

그렇지만 외국 음식이 본격적으로 런던의 거리를 점령하고, 런던 사람들의 입맛을 장악하기 시작한 것은 1990년대부터이다. 다음은 구글 북스 코퍼스(Google books corpus)를 통해 살펴본, 영어 속 외래어 음식명들이다.

이태리 음식 이름

pizza(피자), pasta(파스타), spaghetti(스파게티), risotto(리소또), ravioli(라비올리), vermicelli(버미첼리), prosciutto(프로슈토), gnocchi(뇨키), pita bread(피타 브레드), calamari(칼라마라타), minestrone(미네스트로네), focaccia(포카치아)

다음은 1910년에서 2000년 사이 이태리 음식명들이 구글 코퍼스에 나타난 횟수를 표로 만든 것이다.

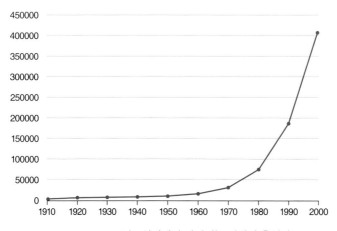

표22. 1910-2000년 : 영어에서 발견되는 이태리 음식명

그림45. 이태리 음식

1910년부터 2000년 사이에 중국 음식명이 구글 코퍼스에 나타난 횟수를 표로 만들었더니 다음과 같았다.

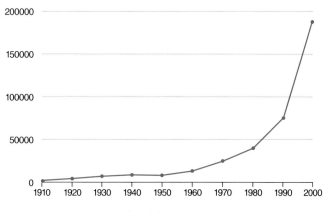

표23. 1910-2000년 : 영어에서 발견되는 중국 음식명

그림46. 중국 음식

그렇다면, 한국 음식은 어떨까?

한국 음식 이름
kimchi(김치), Korean barbecue(LA갈비), bulgogi(불고기), bibimbap(비빔밥), galbi(갈비)

마찬가지로 같은 시기에 한국 음식명이 구글 코퍼스에 나타난 추이를
표로 만들어 보았다.

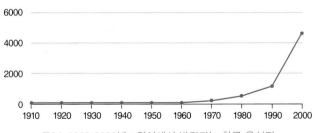

표24. 1910-2000년 : 영어에서 발견되는 한국 음식명

그림47. 한국 음식

다음은 같은 시기에 일본 음식명이 구글 코퍼스에 나타난 횟수이다. 한중일 3국 가운데 일본 음식명의 유입이 월등히 많았음을 확인할 수 있다.

표25. 1910-2000년 : 영어에서 발견되는 일본 음식명

그림48. 일본 음식

프랑스 음식 이름

foie gras(푸아그라), crepes(크레이프), croissant(크루아상), macaroons(마카롱), baguette(바게트), éclair(에클레어), creme brulee(크렘브릴레), cassoulet(카술레), ratatouille(라따뚜이), coq au vin(코코뱅), escargots(에스카르고), Quiche Lorraine(키슈 로렌), herbes de Provence(프로방스 허브), pot au feu(포토퍼), profiteroles(슈크림/프로피트롤), rillettes(리예트), Salade Nicoise(살라드 니스와즈), fleur de sel(플뢰르 드 셀), andouillette(앙두예트), haricot verts(해리코 베르)

다음은 1910년부터 2000년까지 구글 코퍼스에 나타난 프랑스 음식명을 표로 나타낸 것이다.

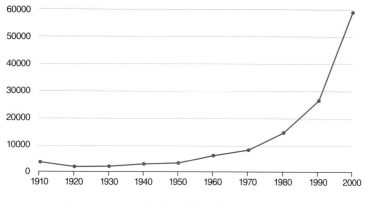
표26. 1910-2000년 : 영어에서 발견되는 프랑스 음식명

그림49. 프랑스 음식

러시아 음식 이름
caviar(캐비아), goulash(굴라쉬), kasha(카샤), Stroganov(스트로가노프), shashlik(샤슬릭), zakuski(쟈구스키), pirozhki(피로시키), shchi(시치), bliny(블리니), pelmeni(펠메니), okroshka(오크로슈카)

  역시 1910년부터 2000년까지 구글 코퍼스에 나타난 러시아 음식명을 표로 나타내어 보았다.

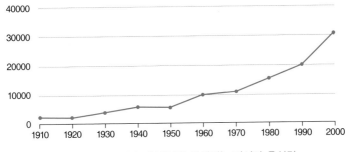

표27. 1910~2000년 : 영어에서 발견되는 러시아 음식명

그림50. 러시아 음식

영어 속의 외래어들을 어떻게 취급해야 하는지의 문제에 대한 고민이 시작된 것은 오래 전 일이다. 그리고 오늘날 점점 세계어로서 자리를 굳히고 있는 영어가, 진정한 세계어로서 자리잡기 위해서는 외래어를 어떻게 취급해야 하는지를 중요하게 다뤄야 할 것이다.

세계 구석구석의 소식을 전하려면 불가피하게 지명 등을 원어에 가깝게 발음해야 하는데, 영미인들이 익숙하지 않은 인명을 원어에 가깝게 발음해야 할지, 자국 화자들이 듣고 기억하기 쉽게 발음해야 할지 고민을 해야 할 때가 많다. 급한 뉴스의 경우, 대부분의 기자들은 원어보다는 자국의 발음, 즉 영어식 발음으로 전달을 하는 경우가 일반적이다.

2011년 일본의 후쿠시마 원전 사고를 보도한다고 할 때, 4음절 단어 '후쿠시마'를 영국 사람들은 뒤에서 2번째(pen-ultimate)음절인 '시'에 강세를 주어 발음하는 것을 쉽게 볼 수 있었다.

영국 사람들은 빅토르 위고Victor-Marie Hugo의 작품인 '레미제라블(Les Miserables)'을 레즈미즈나 레즈미제라라고 발음하는 경우가 많다. 영국의 지식인들이나 방송에서도 그렇다. 불어를 몰라서가 아니라, '영어'처럼 발음하기 위해서다. '원어에 가깝게'가 골든 룰은 아니다. 예를 들어, 덴마크의 수도 '코펜하겐(Copenhagen)'은 덴마크 어에서 코펜하겐에 가깝게 발음되지만, 영국 사람들은 '코펜헤이건'으로 발음한다.

대체로 영어는 외래어에 대해 전반적으로 수용적인 입장을 갖고 있다. 물론 번역을 하는 경우도 종종 있지만, 영어는 외래어를 자국어화하는 과정에서 대부분 그 나라 말을 그대로 받아 쓴다. 사전을 만드는 경우에도 마찬가지이다. 이는 불어와는 매우 다른 태도이다.

제임스 머레이 박사를 시작으로 최근 은퇴한 존 심슨John Simpson 박사에 이르기까지, 최소한 정책적으로는 외래어를 있는 그대로 받아들이자는 입장이 우세하다. 다음은 1861년에서 1879년까지 옥스퍼드 사전의 편집장을 맡았던 프레드릭 퍼니발Frederick Furnivall 박사의 말이다.

> 문을 활짝 열고, 모든 단어를 다 받아들이자!*
> (프레드릭 퍼니발, 1861~1879 옥스퍼드 사전 편집장)

이렇듯 사전을 편찬할 때는 포용적인 입장을 취하면서도, 영어 화자들은 실제 언어생활을 하는 데 있어, 특히 글을 쓰는 데 있어서는 외래어를

---

* *Fling our door wide! All, all, not one, but all, must enter. –Frederick Furnivall (1862, Editor of the dictionary from 1861-1879).*

그다지 환영하지 않는다. 이는 앞서 언급한, 또 아래에서 거듭 제시된 오웰의 법칙이 무의식적으로 영미권 화자들에게 각인되어 있기 때문이다. 오웰의 말은 적어도 영어권 언론계에 종사하는 사람들에게는 외래어 수용에 가장 중요한 규칙이자 기준으로 인용되고 있다.

> "쉬운 말로 쓸 수 있으면 쉬운 말로 표현하고, 절대로 일부러 외래어나 과학적인 혹은 전문적인 표현을 쓰려고 하지 말라."

외래어는 가급적 피하라!

영국의 일간지 옵저버(Observer)에 편집인으로서 신문의 가이드라인과 스타일 부분을 담당하는 스티븐 프릿차드Stephen Pritchard씨에게 영국 언론에서의 외래어 사용에 대해 자문을 구한 적이 있다. 다음은 그 내용을 정리한 것이다.

- **외국어의 악센트** – 불어, 독어, 포르투갈 어, 스페인 어, 아일랜드계 갤릭 어(Irish Gaelic) 등에 나타나는 악센트는 다 표시해야 한다. 가령 축구 감독 Sven-Göran Eriksson(Swedish)의 이름처럼 말이다. 어려운 경우도 있지만, 악센트 표시를 잘 지켜라. 그렇지 않았을 때, 독자들이 불평하는 사례가 꽤 있었다.
- **외국어 이름** – 불어 관사 de, le나 네덜란드 어의 van 등은 대개 소문자로 표시해야 한다. Charles de Gaulle 공항의 예처럼 말이다.

- **외국의 지명** – 가능하면 사람들(영국인)에게 잘 알려진 이름을 택하라. 언젠가 독일 도시 Munich이 München으로 표기되는 날이 올지도 모르겠다. 그렇지만, 지금은 우리 (영국인들)에게 익숙한 지명을 선택하라. 스위스의 수도 제네바를 불어 사용자들은 쥬네브(Genève)라고도 하지만, 우리들에게 그곳은 Geneva이다. 물론 여기에는 예외도 많다.

- **외래어 단어와 상용구** – 가능하면 이탤릭으로 표시하고 그 안에 번역을 넣어라. 그러나 이 모든 과정에서 조지 오웰의 말을 기억해라. 가능하면 쉬운 일상 영어로 표현하고, 어려운 말이나 외래어는 가급적 피하라.

3. 영어 속의 한국어

앞서 살펴본 것처럼 20세기 초 외래어 혹은 외국어 단어의 처리 문제는 영어의 미래를 생각하던 사람들에게 골칫거리였다. 당시 제임스 머레이 박사는 이 단어들을 영어의 아웃사이더 'aliens and denizesn'라고 표현했었다. 그런데 세계어로서 영어의 입지가 굳혀진 오늘날, 외래어나 외국어는 더 이상 영어의 아웃사이더, 주변적이거나 덜 중요한 요소가 아니다. 조금 과장되게 말하자면, 소위 이 아웃사이더들을 앞으로 어떻게 수용할지가 영어의 미래를 좌지우지할 날도 멀지 않았다.

사실 많은 국가에서 자국어 보호 차원에서 외래어나 외국어의 사용 자체를 절제한다. 얼마 전 캐나다의 퀘벡에서는 한 이태리 식당의 메뉴에 불어 대신 이태리어를 너무 많이 사용하였다는 이유로 식당에 경고장을 보내는, 우스꽝스러울 수 있는 일이 있었다. 이유인즉슨, 파스타의 종류들이 이태리어로 되어 있었고, 와인 병을 나타내는 불어 단어인 *bouteille* 대신 이태리어인 *bottiglia*가 쓰였다는 것이다.

실제로 영어 속에 포함되어 있는 불어 단어는 최소한 26% 이상으로 추정된다. 이들 대부분은 1066년 노르만 정복 시절에 들어온 것으로, 약 1,000년에 걸쳐 영어에 뿌리를 내렸다. 이렇게 오랜 기간 동안 단어가 쓰여 왔다 보니, 영어를 모국어로 하는 화자들도 그 단어가 특별히 불어라는 느낌을 받지는 못할 때가 많다.

옥스퍼드영어사전 속의 한국어 : 김치에서 비빔밥까지

그림51. Korean Buckwheat Noodles with Chilled Broth and Kimchi (냉면과 김치)

2013년 8월 15일, 뉴욕 타임즈에 건강 음식으로 '냉면'과 '김치'가 실렸다. 냉면은 한국식 국수라고 풀어 설명된 반면, 김치는 김치라는 고유명사를 그대로 사용하였다. 한류 등으로 한국이 세계에 널리 소개되기 시작하면서 영어 속의 한국어도 늘어가고 있다.

그렇다면 영어의 세계적인 권위를 자랑하는 옥스퍼드 사전 안에 한국어에서 유래한 단어들은 얼마나 될까?

단어	처음에 관찰된 년도와 문헌
hangul(한글)	1951 C. Osgood *Koreans & their Culture* xvi. 323
hapkido(합기도)	1965 *Black Belt* Aug. 42/1
kimchi(김치)	1898 I. L. Bird *Korea & her Neighbours* I. vii. 98
kisaeng(기생)	1895 L. J. Miln *Quaint Korea* vi. 155
kono(고누)	1895 S. Culin *Korean Games* 100
makkoli(막걸리)	1970 *Korean Folklore & Classics*2 42
myon(면-행정단위)	1898 I. L. Bird *Korea & her Neighbours* II. xxxii. 203
ondol(온돌)	1935 *Econ. Geogr.*11 49/2
onmun(언문)	1882 W. E. Griffis *Corea* 445
sijo(시조)	1898 I. L. Bird *Korea & her Neighbours* xii. 191
taekwondo(태권도)	1967 *Karate & Oriental Arts* Sept.–Oct. 2
won(원-화폐단위)	1950 *Times* 16 Nov. 7/7
yangban(양반)	1898 I. L. Bird *Korea & her Neighbours* I. iv. 60

표28. 옥스퍼드영어사전 속의 한국어 단어

이중에는 한국인의 입장에서 다소 황당한 예들도 없지 않다. 도대체 기생이나 고누, 언문 등은 어떤 경로를 통해 왜 옥스퍼드 사전에 실리게 되었을까? 옥스퍼드 사전은 한번 등재된 표제어가 영원히 사전에서 빠지지 못하는 것으로 유명하다. 이 단어들이 처음에 어떤 경로를 통해 영어에 들어가게 되었을지는 의문이다. 옥스퍼드영어사전 속의 한국어 단어들 가운데 그나마 합리적인 것들을 분야별로 정리해 보면 다음과 같다.

a) **음식** : kimchi(김치), bibimbap (비빔밥), makkoli(막걸리)

b) **전통문화** : yangban(양반)

c) 무술 : hapkido(합기도), taekwondo(태권도)

d) 한국 고유문화 : ondol(온돌)

필자는 고려대학교 학생들과 프로젝트를 통해 옥스퍼드 영어 사전에 등재되어야 한다고 생각되는 영어 속 한국어 단어들을 조사해 보았다. 그 이후, 옥스퍼드 대학 학생들과의 토론을 통해서 가장 적합하다고 생각되는 단어들을 뽑아 의미별로 분류해 보았다. 그 결과는 다음과 같다.

a) 전통적인 용어 : yangban(양반), sŏnbi(선비), p'ungsu chiri(풍수지리), chesa(제사), kut(굿), hanji(한지), ssirŭm(씨름), ttukpaegi(뚝배기), hang'ari(항아리), yo(요), the civil service examination system(과거제)

b) 음식 : tokkaebi(떡볶이), ttŏk(떡), kuk(국), jjigae(찌개), chang(장)

c) 의복 : hanbok(한복)

d) 장소 : hagwŏn(학원), jjimjilbang(찜질방), punsikchip(분식집)

e) 호칭 : nim(님), ssi(씨), agassi(아가씨), ajumma(아줌마), ajŏssi(아저씨)

뉴욕 타임즈 속 한국어 단어

다음은 뉴욕 타임즈에 나타난 한국어 단어들의 추이다. 물론 우리나라에서 발행되는 영자 신문인 코리아 타임즈(Korea Times)에 한국어 단어들이 훨씬 다양하게 또 많이 존재하는 것이 사실이다. 여기서도 음식 관련된 단어들이 많이 눈에 뜨인다.

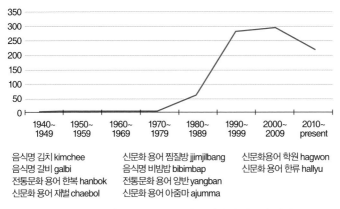

음식명 김치 kimchee		신문화 용어 찜질방 jjimjilbang		신문화용어 학원 hagwon			
음식명 갈비 galbi		음식명 비빔밥 bibimbap		신문화 용어 한류 hallyu			
전통문화 용어 한복 hanbok		전통문화 용어 양반 yangban					
신문화 용어 재벌 chaebol		신문화 용어 아줌마 ajumma					

표29. 뉴욕 타임즈(New York Times)에 나타난 한국어 단어들

문화와 문화가 얼마나 가깝고 서로 상호작용을 하는지의 여부도 외래어 수용에 아주 중요한 요소로 작용한다. 일례로 일본 사람들은 한국 음식에 관심이 많다. 그래서 사전이나 신문, 메뉴판을 봐도, 일본어 안에는 많은 한국어가 포함되어 있음을 볼 수 있다.

2050년의 영어는?

영어가 불어를 받아들여 영어화하는 데는 노르만 정복(Norman Conquest, 1066) 이후 약 1,000년이 걸렸다. 이에 반해, 다종다양한 세계 어들이 영어에 급속히 들어오기 시작한 것은 이제 약 200년 정도밖에 되지 않는다. 그런데 이 속도는 변화가 상대적으로 느린 영어에서조차 우리가 생각하는 것보다는 훨씬 빠르다. 세계가 모두 빠르게 변화하고 있고, 새로운 이름을 '각자의 영어'로 만드는 데에, 이 수많은 영어 단어들을 본토(?) 영어에 어떻게 뿌리내리게 하는지가 미래 영어 성공의 관건이 될 것이라고 본다.

즉, 제임스 머레이 박사가 '영어다움'이 가장 부족한 부류라고 했던 외래 어와 외국어를 영어가 체계적이고 합리적으로 수용할 수 있는지 여부가 2050년의 영어를 형성하는 데 무엇보다 중요한 요소로서 작용할 것이다. 다음은 '2050년의 영어는 어떤 모습일까?'라는 주제로 옥스퍼드 대학 학 생들이 쓴 에세이 중 한 편이다.

"What will the English Language be like in 2050?"

For the past three hundred years, the political, cultural, economic and linguistic worlds have been dominated by the English language. Two consecutive global empires have sustained, enhanced and expanded the reach and depth of English. Born at the end of the Cold War, I saw the extent of three centuries of development: a world in which English was the overriding linguistic connector for trade, technology and diplomacy. As a youth I could only marginally observe this influence in the world. Everyone I met as a child, whether it be in England, Europe or Asia spoke my language. I grew up almost expecting that people would be able to communicate with me. I came to realize that this was not the case as I got older, but nevertheless, the English language was particularly advantageous. Even though the English speaking world was declining in economic power and relative population, I could travel and need only speak English. I could also make a fair bit of money by teaching it on the side. But the world is changing and the next world powers do not speak English as their primary language. Is English then doomed to collapse?

At international conferences, trade fairs, multi-national business meetings, English is still the preferred language. The world's most lucrative movies, music and magazines are also published in the language. It is in essence, the first true global second language and no other language seems to be able to knock English from its throne. Although Chinese, Spanish, French, and Russian are spoken by a large multi-national population, English will still be able to hold its place as a mandatory second language until 2050. The Russian speaking populations are too limited and small to achieve an international following. Their cultural and technological output is limited. The romance languages French and Spanish (and Portuguese) have large populations that are increasing in size and economic activity, but do not exert enough political and military power in world affairs to change the language of diplomacy and trade. The linguistic similarities to English also make it easier for them to adopt the English language. China it would seem has such an ability to affect and influence world trade, diplomacy and defense. Although it lacks the same cultural-economic engine as the United States, its advances as a broker for regional cooperation and a centre for technological development could make Chinese into a new global second language. But the Chinese language itself is cumbersome, difficult, and not particularly efficient for the technologically driven world. Computer language is not written with the characters. Even though English speaking countries will decline in absolute power, the English language has influenced technology, science, trade, literature and diplomacy enough to endure as the paramount second language in the world for decades to come.

However, English does face another, unseen challenge. The linguistic boundaries in those countries that have typically spoken

English is changing rapidly. The population of Spanish speakers in the United States has flourished and the most popular television station in the US in Telemundo (a Spanish language station). In the United Kingdom, Australia, Canada and other countries, non-English speaking populations have increased, and are changing the linguistic stability of the English language at home. By 2050, I imagine that Spanish might be the mother tongue of most Americans.

Over the next forty years, I foresee that the English language will hold its influence over world affairs, literature and science, but it will decline in its home countries. It may become primarily a 'living' international language that changes and develops, but does not 'die' like the Latin language with the fall of its empire. English will remain, but if the English speaking countries retain control of their language is another matter.

맺음말

이 책에서 우리는 한국어에 살아 숨쉬는 영어 단어들의 역사와 특징, 의미와 분포를 살펴보았다. 원하든 원치 않든 우리의 삶과 영어는 떼려야 뗄 수 없는 관계에 놓이게 되었다. 이 책의 목적은 소위 한국식 영어 표현인 콩글리시가 잘못되었다고 하는 것도, 모든 영어 표현을 우리 고유어로 순화해야 한다고 하는 것도 아니다. 언어라는 것이 우리의 생각처럼 쉽게 통제되고 규제되는 것은 아니기 때문이다. 100년을 조금 넘는 개화, 서구화의 시간 속에서 우리말은 영어의 옷을 '제대로' 입게 되었다. 한번 버스를 타고 가며 차창 밖을 구경해 보라. 수많은 간판들, 그 속에 적힌 단어들은 영어가 우리 삶에 얼마나 큰 비중을 차지하게 되었는지를 피부로 느끼게 한다.

무엇보다 우리가 문제의식을 가져야 하는 부분은 '소통'의 영역이다. 혹자는 설마 그런 날이 올까 생각하기도 하겠지만, 오늘날과 같은 속도로 단어가 만들어지고 유통된다면 얼마 가지 않아 같은 한국말을 하면서도 서로를 이해하기 어려울 때가 올 수도 있다. 이런 현실 아래 필자는 우리나라 안에서 쏟아지는 신어들 중에서 살아남고 자주 쓰이는, 또 앞으로도 계속 살아남을 가능성이 큰 단어들을 잘 가르쳐 세대 간의 소통이 잘 이뤄지도록 도와야 한다고 생각했다. 방송 프로그램에서 '표준어, 이렇게 씁시다'라고 하며 규범을 가르치는 것보다 '이런 말도 있어요'라는 신어, 외래어를 알려 주는 것 역시 하나의 구체적인 방법이 될 것이다.

동시에 세계인으로서 우리는, 우리의 언어와 문화를 수출하는 입장에 있다는 것을 잊어서는 안 된다. 세계인과의 소통을 위해서 한국에서만 쓰이는 영어 조어법 대신, 보편적인 영어 조어법에 익숙해진다면 우리의 단어와 문화가 영어와 세계에 더 쉽게 녹아들 수 있지 않을까 생각해 본다.

참고문헌

강범모(2008), 한국 영화 제목의 언어 특성, 제2회 한국어학회 국제학술대회 논문집, pp.152~159.

강범모. 김흥규(2009), 한국어 사용 빈도, 한국문화사.

강신항(1991), 현대 국어 어휘 사용의 양상, 태학사.

고려대학교민족문화연구원(2009), 고려대한국어대사전, 고려대학교민족문화연구원.

국립국어원(2001), 2001년 신어, 국립국어연구원.

국립국어원(2002), 2002년 신어, 국립국어연구원.

국립국어원(2003), 2003년 신어, 국립국어연구원.

국립국어원(2004), 2004년 신어, 국립국어원.

국립국어원(2005), 2005년 신어, 국립국어원.

김창섭(1996), 국어의 단어 형성과 단어 구조 연구, 국어학총서21, 태학사.

남기심(1983), 새말[新語]의 생성과 사멸, 한국어문의 제문제, pp.192~228, 일지사.

노명희(1998/2005), 현대 국어 한자어 연구, 태학사.

노명희(2006), 최근 신어의 조어적 특징, 『새국어생활』, 국립국어원.

노해임(2000), 한·중·일 한자어휘 비교 : 개화기 신어와 신용어를 중심으로, 건국대학교 석사 학위논문.

두산동아 사서편집국(1999), 표준국어대사전, 두산동아.

문금현(1999), 현대 국어 신어의 유형 분류 및 생성 원리, 국어학 33집, pp.295~325.

박시백(2009), 조선왕조실록 13 : 효종 현종 실록, 휴머니스트.

박영섭(1997), 개화기 국어 어휘자료집, 박이정.

박은하(2009), 한국 영화 제목의 외래어 사용 실태 ‒ 2000년 이후의 영화를 중심으로, 사회언어학17(1), pp.135~157, 사회언어학회.

배인환(2000), 외래어 사전, 민중서관.

유성렬(2004), 21세기 최신 외래어 사전, 크로바.

이상(1937), 날개, 조광, 조선일보사.

이선영(1998), 상호·상표 분야의 외래어 사용, 새국어생활8(2), 국립국어원.

이승명(2001), 신어의 해석적 연구, 이중언어학 19호, pp.351~364, 이중언어학회.

이익섭, 채환(1999), 국어문법론 강의, 학연사.

이자벨라 버드 비숍(1897), 한국과 그 이웃 나라들 (Korea and her Neighbors), 살림.

이종극(1937), 모던 朝鮮外來語辭典, 민족문화사.

임지룡(1997), 인지의미론, 탑출판사.

정성화, 로버트 네프(2008), 서양인의 조선살이 1882~1910 : 구한말 한국에서 체류했던 서양인들의 일상, 푸른역사.

조두상(2008), 가게 이름의 글자 및 언어사용 실태와 문제점 : 부산지역 부산대학교 정문주변 가게이름을 중심으로, 언어학 제50권, pp.185~211, 한국언어학회.

Aitchison, J.(1987/2003) Words in the Mind : an introduction to the mental lexion, Cambridge : Blackwell.

Bresnan, J.(2007) Is syntactic knowledge probabilistic? Experiments with the English dative alternation. In Featherston, S. &Sternefeld, W.(eds), Roots : Linguistics in search of its evidential base. Series : Studies in Generative Grammar (pp.75~96), Berlin : Mouton de Gruyter.

Brown, K.(Ed in chief)(2006) Encyclopedia of Language & Linguistics, Oxford: Elsevier Ltd.

Chatfield, T.(2013) Netymology, Quercus.

Chomsky, N.(1964) Current Issues in Linguistic Theory, Den Haag: Mouton.

Graddol, D.(2007) English Next, British Council.http://www.britishcouncil. org/learning- research-english-next.pdf

Hamel, H.(2011) Hamel's Journal And A Description Of The Kingdom Of Korea 1653~1666, (Buys, J.-P. Trans.), Royal Asiatic Society, Korea Branch; 3rd Revised edition.

Haspelmath, M.(2002) Understanding Morphology, London : Arnold & New York : Oxford University Press.

Irwin, Mark.(2011) Loanwords in Japanese, Amsterdam : John Benjamins Publishing Company.

Kachru, B. B.(1985) Standards, codification and sociolinguistic realism : the English language in the outer circle. InQuirk, R.& Widdowson, H. (eds), English in the World: Teaching and Learning the Language and Literatures(pp.11~30), Cambridge: Cambridge University Press.

Löbner, S.(2002) Understanding Semantics, London : Arnold.

Myers−Scotton,C.(2005) Multiple Voices : An Introduction to Bilingualism, Wiley−Blackwell.

Murray, J.A.H. (Ed in chief)(1888) Oxford English Dictionary : a new English dictionary on historical principles; founded mainly on the materials collected by the Philological society, 3rd edition, vol.1, Oxford : Oxford University Press.

Parker Hall, I.(1973) Mori Arinori, Cambridge : Cambridge University Press. 1973.

Sato, Nobuo(2013) The Magical Power of Suru : Japanese Verbs Made Easy, Tuttle Publishing.

Shin, J., Kiaer, J., & Cha, J.(2012) TheSounds of Korean, New York : Cambridge University Press.

Wittgenstein, L. (1963) Philosophical Investigations,(Anscombe,G. E.M.Trans.), Oxford : Blackwell.

김동식 (2013년 8월 28일) [대한민국 대표 소믈리에가 말하는 '좋은 와인, 잘 마시는 법'] ① 성게알과 궁합−샤블리 상큼한 맛 감동−상트네, 매일경제 www. mk.co.kr.

동아일보 www.donga.com

임석훈 (2013년 5월 29일) "포도주 없어 성찬 못해…" 고민 중인 베네수엘라 천주교, 서울신문 www.seoul.co.kr

조선일보 www.chosun.com

Exploring 20th Century London, "Eating Out 1950-2000"
    www.20thcenturylondon.org.uk/eating-out-1950-2000

Google Books Corpus http://googlebooks.byu.edu/

Merriam-Webster.com. 2013http://www.merriam-webster.com

Oxford English Dictionary Online, September 2013 versionhttp://www.
    oed.com/

The Guardian http://www.theguardian.com/uk

The New York Times http://www.nytimes.com/

The Times http://www.thetimes.co.uk/tto/news/

트렌드 코리아 2013

부록

팀플/팀프로젝트 과제 목록

▌팀플 과제 1

오늘자 신문을 펼쳐 들고, 신문 속 단어들, 특히 영어 단어들을 찾아 보세요. 90년대 신문, 80년대 신문, 70년대 동일자 신문을 찾아서 그 안에 영어 단어들을 찾아 분석해 보세요.

▌팀플 과제 2

강범모(2008)을 참고하며, 2013년 영화 제목의 어휘를 분석해 보세요.

▌팀플 과제 3

여러분의 학교 앞에 있는 가게 이름을 조사한 뒤, 조두상(2008)을 참고하여 어종에 대해 논의해 보세요.

▌팀플 과제 4

영단어 2~3개를 골라 영국 신문 가디언(Guardian), 미국 신문 뉴욕 타임즈(New York Times)와 여러분이 읽는 한국 신문 2-3가지에 나타난 분포를 비교, 분석해 보세요.

▌팀플 과제 5

본문의 의식주 단어들을 살펴보고, 한번 언어학적으로 분석해 보세요.

그림52. War Horse, 전마? 워호스?

▌팀플 과제 6

  영화나 책의 제목들을 10개 정도 찾아보고 – 음역과 번역 중 어떤 것이 더 나았을지 생각해 보세요.

▌팀플 과제 7

  전화번호부를 통한 상호 변천 연구 – 자신이 살고 있는 동네의 전화번호부에서 상호 1～2개를 골라, 지난 30년간(30년이 너무 어려우면 5년이나 10년을 잡아도 된다.) 어떻게 변화되었는지를 살펴보고 분석해 보세요.

▌팀플 과제 8

  다음은 최근에 영어에서 만들어진 신조어들이다. 이들을 한국어의 특성을 잘 살려 – 경제성과 표현성을 고려해서 – 입에 붙고 자주 쓰는 말이 될 수 있도록 한국어표 영어 단어로 만들어 보자.

▌팀플 과제 9

  위의 단어와 같이 '정체성'이 불분명한 단어들 – 즉, 한국어 단어라고 봐야 할지, 영어 단어라고 봐야 할지 어려운 단어들을 찾아보세요. 그리고, 그렇게 생각한 기준에 대해서 토의해 보세요. 그 이후, 영어 모국어 화자들과도 함께 같은 방식으로 토론해 보세요.

그림53. 코인밴드

▌팀플 과제 10

'코인밴드'처럼 영미 본토에서 별 거부감 없이 사용될 만하다고 생각되는, '수출 가능한' 영단어들을 찾아 보고, 왜 그렇게 생각하는지 토의해 보세요.

▌팀플 과제 11

요즘 젊은 세대와 60~70대 어른들이 같은 상황을 표현할 때 사용하는 형용사가 어떻게 다른지를 조사해 보세요. 가능하면 인터뷰를 해서 분석해 보세요. 두 연령층에서 변화 없이 쓰이는 표현들에는 어떤 것이 있는지, 변화가 잘 관찰되는 표현들에는 어떤 것들이 있는지 찾아서 논의해 보세요.

▌팀플 과제 12

'하우스 푸어(house poor)'라는 말이 어떻게 등장했는지 찾아서 조사해 보세요.

그림54.
My Fair Lady(1964)

▌팀플 과제 13

영화 〈My Fair Lady〉(1964)를 보고, 이 영화에 나타난 계층 간 영어의 차이를 분석해 보세요.

▌팀플 과제 14

요즘 많이 쓰는 한국제 영어 단어 중에서 영어로 수용될 가능성이 높다고 생각되는 단어들을 한번 골라 보고, 이유를 서로 논의해 보세요.

▌팀플 과제 15

한국어 단어 중에서 영어에서 많이 언급되는 단어들은 어떤 것이 있을까요? 영어의 옥스퍼드 사전(OED)에 들어가야 한다고 생각하는 단어를 10개 정도 골라 보고, 그 이유를 설명해 보세요.

▌팀플 과제 16

2050년의 한국어와 영어는 어떤 모습일지, 어휘 변화를 중심으로 논의해 보세요.

인덱스

자주 쓰는 영신어 목록

ㅋ

ㅎ

기타

살아남은 신어 목록

1994년

약효,
비핵화,
과밀화,
공동화,
간이형,
저가형,
쌍방향,
홈쇼핑,
포르노그라피,
신상품,
동정표,
빠른우편,
올드팬,
안전판,
집념파,
소개팅,
텔리포트,
로비스트,
테크노마트,
중간톤,

채용박람회,
베드타운화,
대규모화,
온난화,
초슬림형,
현장체험,
항해,
반덤핑,
번지점프,
저급품,
꼬리표,
록카페,
게임팩,
전자게시판,
감각파,
스트라이프티,
터닝포인트,
헤어스타일리스트,
대혈투,
지리정보시스템,

맞교환,
차별화,
능률화,
고급화,
슬림형,
무보험,
신공항,
섹스어필,
컨트리풍,
성과품,
휴대폰,
골수팬,
저패니즈팝,
실속파,
폰팅,
챔피언티,
포인트,
미니벨트,
쓰레기봉투,
가족호텔,

노후화,
지방화,
정치세력화,
예술혼,
미래형,
전매특허,
맞고함,
아이피,
재활용품,
거품,
홈런포,
극성팬,
정치판,
올빼미파,
커팅,
배꼽티,
더블데이트,
매니지먼트,
미끼통,
러브호텔,

헤드헌터, 노트북컴퓨터, 코디네이터, 카센터,
서민주택, 초긴장상태, 진흙사태, 폭소탄,
섬광탄, 돈세탁, 벼락스타, 월드스타,
이미지메이킹, 폰뱅킹, 프라이비트뱅킹, 소프트재킷,
싱글재킷, 비디오자키, 테마파크, 제테크,
리메이크, 포켓, 키커, 게임메이커,
트러블메이커, 쇼핑카, 대원칙, 기준치,
재설치, 전통김치, 최고위층, 로열층,
권력층, 최빈곤층, 청티셔츠, 웨스턴부츠,
매매춘, 재건축, 재개최, 휴양촌,
갈비촌, 빌딩촌, 협력체, 법외단체,
투자처, 승부처, 보관처, 근절책,
부양책, 차차선책, 급팽창, 환경순찰,
녹색경찰, 무공해차, 화학차, 미래차,
고가차, 클렌징, 전통찻집, 어린이집,
재소집, 보도집, 고품질, 헛방망이질,
헛젓가락질, 재추진, 투수진, 재검진,
육아휴직, 하위직, 간부직, 전문직,
폐유지, 폐건전지, 최적지, 재생화장지,
재생용지, 소식지, 여백지, 매립지,
물딱지, 딱지, 유통단지, 유가지,
보험증, 편식증, 미니멀리즘, 센세이셔널리즘,
빅시즌, 간판주, 폭탄주, 기대주,
합격주, 괘씸죄, 휴면계좌, 미팅족,
고스톱족, 스쿠터족, 선탠족, 야타족,
펑크족, 나체족, 폭주족, 미시족,
기쁨조, 휴면노조, 항우울제, 마이너스옵션제,

발탁인사제, 후불제, 종량제, 시급제,
시간급제, 신경제, 할인점, 체인점,
대여점, 가맹점, 기본예절, 응원전,
졸음운전, 재역전, 여론전, 비정치적,
모험주의적, 이상주의적, 시대착오적, 자기방어적,
마피아적, 회우선적, 동시다발적, 신세대적,
친환경적, 펀드매니저, 식자재, 단체장,
평생직장, 자기주장, 쌀시장, 틈새시장,
재래시장, 눈썰매장, 볼링장, 경륜장,
직거래장, 눈도장, 칼잠, 겨울잠,
초대형작, 흥행작, 배후자, 여성학자,
견학자, 은퇴자, 출장자, 최적임자,
감염자, 비흡연자, 흡연자, 주계약자,
분실자, 이식자, 삼박자, 추진론자,
고학력자, 피크타임, 노타임, 빅게임,
반짝세일, 유통체인, 포장디자인, 생활체육인,
피고용인, 주요인, 지역인, 개성인,
가이드라인, 양궁인, 고수익, 은행털이,
참치잡이, 골잡이, 결함투성이, 영창살이,
빡빡이, 깜빡이, 신토불이, 마마보이,
외화벌이, 인기몰이, 솜방망이, 불방망이,
단독플레이, 딸랑이, 눈높이, 물갈이,
엘리트주의, 신나치주의, 반권위주의, 나열주의,
여성주의, 비자본주의, 학벌주의, 지역이기주의,
맞대응, 점유율, 정치놀음, 폐식용유,
헛스윙, 최하위, 노른자위, 영순위,
키친타월, 비회원, 팀원, 일용직원,

계산원, 인턴사원, 실버타운, 베드타운,
재활용, 역작용, 재사용, 족집게과외,
비밀과외, 나시옷, 바이오, 흥행업,
펜티엄, 아트페어, 옵션투어, 폐타이어,
멀티미디어, 뉴미디어, 특효약, 대활약,
재계약, 손실액, 공동육아, 상그리아,
카레이싱, 유리온실, 대변신, 아랫장식,
모던클래식, 하우스에이전시, 환승, 가드펜스,
데이트코스, 홈서비스, 개인서비스, 립서비스,
메달박스, 슬리브리스, 뉴비즈니스, 강숏,
용병술, 신기술, 홍수, 생활하수,
폭력지수, 체감지수, 노림수, 깜짝쇼,
종합유선방송, 코믹송, 초고속, 무허가업소,
코디네이션, 하향세, 회복세, 폭등세,
바닥세, 적합성, 작품성, 엄포성,
형평성, 사치성, 억압성, 성숙성,
음란성, 포르노성, 한계성, 심각성,
와인색, 마라톤협상, 재협상, 갈빗살,
비확산, 적합성, 상품성, 엄포성,
고해성사, 겹경사, 사교육비, 공교육비,
대외비, 님비, 떡갈비, 헤드테이블,
멀티큐브, 샤브샤브, 포켓볼, 미확보,
공주병, 생수병, 수비벽, 스리스트라이크아웃법,
스카이다이버, 미니밴, 밴, 놀이방,
비디오방, 빨래방, 노래방, 음란물,
소감문, 재택근무, 먹자골목, 캐리어우먼,
그랜드슬래머, 포터맨, 아이디어맨, 주문판매,

초고속정보통신망, 스토리텔링, 모니터링, 컬러링,

멀티스크린, 커버스토리, 땡처리, 음식거리,

뉴스거리, 원룸, 힙합룩, 카우보이룩,

밀리터리룩, 란제리룩, 아이디어료, 모델료,

성희롱, 세례, 성폭력, 연주력,

자본력, 러시안룰렛, 밀리언셀러, 스테디 셀러,

갱스터랩, 그랜드슬램, 밀거래, 맞바람,

대혼란, 무인감시카메라, 만족도, 안전도, 피로도,

고강도, 슈퍼모델, 삼류모델, 회전침대,

물침대, 오빠부대, 개미군단, 갱단,

기정사실화하다, 데이터베이스화하다, 어필하다,

컬러풀하다, 배팅하다, 빅히트하다, 리메이크하다,

시니컬하다, 재편집하다, 턱걸이하다, 조율하다,

재조립하다, 내추럴하다, 코디하다, 풀가동하다,

재가동하다, 열받다, 되돌리다, 가속화되다,

일상화하다, 개방화되다, 슬럼화되다, 클로즈업되다,

물건너가다, 고객님, 투명비닐, 신기능,

액체비누, 동거녀, 스캐너, 웃음꾼,

범죄꾼, 카드깡, 겉핥기, 몸풀기,

밀어붙이기, 샤워기, 시간때우기, 홀로서기,

발사기, 나눠먹기, 힘겨루기, 새내기,

수준급, 개인연금, 자살극, 이어플러그,

우승권, 열기구, 가격파괴, 자책골,

간접광고, 디자인계, 패션계, 태권도계,

다단계, 대반격, 폐자전거, 분리수거,

쇼핑객, 나들이객, 물놀이객, 응원객,

완승객, 물값, 승차감, 상실감,

노벨상감,   스릴감,   무기력감,   최단기간,
정치감각,   쇼핑가,   중저가,   극장가,
패션가,   전세가

1995년

초고가,   증권가,   식당가,   방송가,
은행가,   수납공간,   가상공간,   분노감,
밀도감,   속도감,   리듬감,   볼륨감,
실망감,   존재감,   부피감,   균형감,
미공개,   입마개,   휴가객,   추모객,
야영객,   산악자전거,   훌리건,   포르노걸,
마마걸,   레이싱걸,   카우걸,   암꽃게,
저가격,   고품격,   개그계,   퓨전재즈계,
가상박물관,   가상도서관,   음악관,   영화관,
농구광,   프로야구광,   인터넷광,   속도광,
스피드광,   메모광,   시뮬레이션광,   게임광,
퍼즐광,   골프광,   영화광,   고가구,
빈곤국,   역전극,   고임금,   편가르기,
비밀병기,   고성장기,   핸드백지기,   뻑치기,
가지치기, 등반길, 정보사냥꾼, 기업사냥꾼,   절도꾼,
정보꾼,   포커꾼,   삐끼,   에너지난,
이혼남,   헤어디자이너, 톱디자이너,   미소녀,
이혼녀,   신개념,   이복언니,   성클리닉,
출시되다,   재분열되다,   한글화되다,   고급화되다,
브랜드화되다, 실명화되다,   차별화되다,   곡선화되다,
남성화되다,   연소화되다,   기정사실화되다, 상용화되다,

디지털화되다,	애교스럽다,	소녀스럽다,	여성스럽다,
덧바르다,	굴리다,	맞추다,	꿰맞추다,
이슈화시키다,	재발급하다,	오작동하다,	레이어드하다,
급반등하다,	글로벌하다,	패셔너블하다,	빵빵하다,
글래머러스하다,	보이시하다,	이미지업하다,	재승인하다,
리스타일하다,	재등장하다,	급성장하다,	재충전하다,
땜질하다,	손세탁하다,	대히트하다,	파워풀하다,
재출현하다,	단기화하다,	대도시화하다,	체인화하다,
선진화하다,	디지털화하다,	작품화하다,	급전환하다,
실수담,	성장담,	결혼담,	생활담,
모터패러글라이더,	메모홀더,	충실도,	호응도,
쇼핑지도,	정직도,	접촉도,	일중독,
페미돔,	유산소운동,	멀티브랜드,	스노보드,
맞트레이드,	그린카드,	스마트카드,	일거다득,
디브이디,	셀프코디,	록오페라,	패밀리레스토랑,
연습량,	대용량,	분출량,	초인플레,
발권력,	해독력,	추동력,	브랜드력,
물리력,	커버력,	회복력,	계산력,
경쟁력,	접착력,	가창력,	직항로,
기술료,	식음료,	혼잡료,	작품료,
로열블루,	네오사파리룩,	글래머룩,	언밸런스룩,
재즈룩,	커플룩,	냉기류,	불법체류,
접속률,	상승률,	이직률,	폐기름,
체험담거리,	조롱거리,	고민거리,	볼거리,
롱다리,	저칼로리,	애교머리,	잔머리,
말총머리,	교통정리,	롤스크린,	워터스크린,
코리안드림,	가림막,	주테마,	밥맛,

전송망,   지원망,   금융망,   요가맨,

홍보맨,   안기부맨,   파워맨,   워치맨,

카운터맨,   엘리트맨,   헌혈맨,   마인드맵,

레게퍼머,   개그우먼,   세일즈우먼,   스턴트우먼,

명장면,   전자신문,   확보물,   영상물,

도우미,   절제미,   원어민,   정착민,

미니바,   골드바,   돈다발,   옷발,

대폭발,   찜질방,   만화방,   대재벌,

협박범,   재출범,   앞벽,   대이변,

땀복,   특수복,   극세로봇,   예비부부,

살생부,   월드와이드웹, 광케이블,   랜딩비,

물류비,   황금콤비,   돌발사,   가정사,

출구조사,   가정간호사,   불화살,   분열상,

동영상,   형광색,   연베이지색,   무착색,

의붓동생,   의동생,   지망생,   교과서,

수험서,   뒷좌석,   엄격성,   비극성,

해프닝성,   코미디성,   무오류성,   익명성,

코믹성,   차별성,   밀착성,   무알콜성,

폭락세,   지속세,   급성장세,   위축세,

코카콜러니제이션, 홈패션,   현주소,   인종청소,

낮방송,   멀티숍,   국민가수,   반짝가수,

어학연수,   참수,   빌딩숲,   핫이슈,

미니버스,   마일리지서비스, 사이버섹스, 가상섹스,

사이버스페이스, 생과일주스, 모빌오피스, 재출시,

좌식,   다이어트식,   가상현실,   평상심,

퍼즐마니아, 영화매니아,   출산아,   장애아,

입양아,   반항아,   대재앙,   동료애,

영상미디어, 컴패니언, 소믈리에, 재공연,
무알코올, 저알코올, 슈퍼파워, 유니폼사원,
승선원, 냉동육, 신선육, 별거율,
인플레율, 장타율, 속도주의, 누드주의,
비가족주의, 수건걸이, 동전꽂이, 잡지꽂이,
냅킨꽂이, 플러그앤플레이, 전세살이, 모래투성이,
불만수성이, 실수투성이, 영문자투성이, 실경질투성이,
상처투성이, 외동아이, 꽃게잡이, 갓난쟁이,
내숭쟁이, 지킴이, 축구인, 만능인,
동시대인, 포토라인, 방송인, 미용인,
현지인, 초과잉, 리더자, 미등록자,
비만자, 이민자, 남색자, 노숙자,
동성애자, 양성애자, 이성애자, 동성연애자,
관음주의자, 원칙주의자, 무경험자, 완성작,
최신작, 머그잔, 행사장, 헬스장,
장례예식장, 오토캠핑장, 환경적, 반종교적,
무한대적, 폭로적, 정신병리적, 음모적,
고발적, 인종차별적, 중복적, 신보수적,
반항아적, 방어적, 인간주의적, 근본주의적,
물질주의적, 엘리트주의적, 한정적, 기브앤테이크적,
일탈적, 페미니스트적, 미래지향적, 탐색전,
작전, 독일병정, 항불안제, 인터넷족,
피크닉족, 댄디족, 대만족, 실버족,
오토바이족, 사이버펑크족, 데이트족, 신기종,
조직범죄, 칵테일소주, 컬러렌즈, 비시즌,
핫시즌, 네티즌, 폭식증, 보물단지,
쫄바지, 학습지, 홈페이지, 웹진,

연출진, 귀찌, 신혼집, 최고참,
괴생물체, 오피스텔촌, 아파트촌, 레포츠,
최상류층, 경영층, 수요층, 눈뭉치,
동네잔치, 미란다원칙, 냄비받침, 수저받침,
컵받침, 만능칩, 스트레칭, 톱랭커,
네트워커, 네티켓, 시트콤, 레이싱퀸,
하이퍼링크, 시네마테크, 사이버펑크, 패션자키,
퀴즈자키, 벤치마킹, 골드뱅킹, 프라이빗뱅킹,
간판스타, 신호탄, 전원주택, 애니메이터,
미운털, 무인경비시스템, 잔반통, 짝퉁,
에듀테인먼트, 플로리스트, 쇼핑호스트, 네온라이트,
테라바이트, 사이트, 청미니스커트, 명코트,
스턴트, 초히트, 테마파티, 쫑파티,
텔레마케팅, 래프팅, 연기파, 국내파,
노력파, 열성파, 폰팔, 인간방패,
노천카페, 핸드폰, 개폼, 마침표,
돌풍, 핌피, 정리함, 무공해,
초소형, 첨단화, 식민화, 성숙화,
아시아화, 공유화, 휴대전화, 로컬화,
네트워크화, 디지털화, 긁힘

2000년

외교가, 무도가, 재벌가, 협상가,
패션가, 영양가, 드라마작가, 구성작가,
방송작가, 투쟁가, 초저가, 기준가,
유통가, 고평가, 저평가, 인허가,

극화가, 급냉각, 재매각, 최단기간,

실시간, 회사인간, 시장인간, 무게감,

타격감, 연결감, 자괴감, 타구감,

분노감, 컬러감, 볼륨감, 도취감,

반지갑, 장지갑, 중지갑, 물값,

미공개, 베개싸개, 안개, 토종개,

틈새고객, 환송객, 이용객, 물놀이객,

걸, 포르노걸, 마마걸, 레이싱걸,

컴페니언걸, 로데오걸, 카우걸, 고가격,

저가격, 대반격, 맹추격, 실외견,

대형견, 특삼겹, 친환경, 외국계,

패션계, 디자인계, 생중계, 퓨전재즈계,

뮤지컬계, 만화계, 티저광고, 방송사고,

근접비행사고, 원고, 서곡, 창작곡,

금지곡, 골든골, 재가공, 재개관,

기록관, 음악관, 통일관, 면접관,

체험관, 탐험관, 광, 크루즈관광,

농구광, 인터넷광, 스피드광, 메모광,

퍼즐광, 채팅광, 골프광, 여행광,

가격파괴, 길거리농구, 유인구, 위협구,

초강대국, 중심국, 비회원국, 가입국,

투자국, 작가군, 맹추궁, 중계권,

숙박권, 설비권, 시사권, 식사권,

편성권, 비영어권, 흡연권, 이용권,

자유이용권, 최상위권, 최하위권, 주유권,

추천권, 진출권, 문화상품권, 재복귀,

이어플러그, 재등극, 서민극, 복수극,

마당놀이극, 성인극, 대역전극, 신체극,
탈출극, 당근, 칼퇴근, 뽀글뽀글,
쪽지글, 유보금, 시상금, 포상금,
협상금, 지원금, 고임금, 낙찰금,
예탁금, 보물급, 재발급, 국보급,
재보급, 스타급, 메가톤급, 재경기,
사고기, 인공기, 황금기, 휴대정보기기,
꺾기, 날개꺾기, 신참내기, 별따기,
쪼그려뛰기, 하락기, 숨고르기, 휴대정보단말기,
나눠먹기, 비밀병기, 제빵기, 군살빼기,
연수기, 덮어쓰기, 끌어안기, 통역기,
감염기, 실외기, 적응기, 밀어붙이기,
단일기, 모둠일기, 제작기, 경적기,
공조기, 노래반주기, 환경지기, 핸드백지기,
짝짓기, 세차기, 정착기, 가로채기,
세척기, 식기세척기, 잡치기, 제치기,
파도타기, 물타기, 끼워팔기, 몸풀기,
체험기, 불황기, 카드조회기, 자리매김,
카드깡, 글꼴, 호객꾼, 글꾼,
정보사냥꾼, 기업사냥꾼, 정보꾼, 어깨끈,
푼수끼, 파시미나, 맹비난, 기업사냥,
헤어디자이너, 톱디자이너, 엔터테이너, 터널,
실버넷, 교양녀, 휴식년, 테크노,
재생비누, 액체비누, 주메뉴, 마이크로미니,
초미니, 이복언니, 왕언니, 성클리닉,
투명비닐, 튜닝, 삥뜯기다, 베끼다,
살맛(이)나다, 맛깔나다, 뽀록내다, 급냉각되다,

생중계되다, 자리매김되다, 탈바꿈되다, 가동되다,
연동되다, 배려되다, 대물림되다, 결방되다,
도배되다, 우선시되다, 재분열되다, 유예되다,
급반전되다, 미조정되다, 도배질되다, 손질되다,
연출되다, 퇴출되다, 모니터되다, 재개통되다,
강퇴되다, 역스카우트되다, 업데이트되다, 코팅되다,
범세계화되다, 서구화되다, 한글화되다, 등판되다,
브랜드화되다, 슬럼화되다, 발레화되다, 부력화되다,
실명화되다, 파벌화되다, 섹션화되다, 소녀스럽다,
남성스럽다, 여성스럽다, 경탄스럽다, 발빠르다,
쯧쯧거리다, 쏘다, 모자(를)씌우다, 가방끈(이) 짧다,
미끄럼(을)타다, 재체결하다, 생중계하다, 재등극하다,
재발급하다, 자리매김하다, 맹비난하다, 센세이셔널하다,
다운로드하다, 비비드하다, 레이어드하다, 재획득하다,
대폭락하다, 달콤쌉사래하다, 내추럴하다, 썰렁하다,
재입력하다, 재의뢰하다, 재상륙하다, 재이륙하다,
야리꾸리하다, 클릭하다, 재조립하다, 커버링하다,
결방하다, 글로벌하다, 재개봉하다, 패셔너블하다,
쭉쭉빵빵하다, 비비드하다, 레이어드하다, 푸석푸석하다,
글래머러스하다, 클래식하다, 재사용하다, 헛스윙하다,
더치페이하다, 로그인하다, 재가입하다, 재투입하다,
선투자하다, 새단장하다, 재등장하다, 역추적하다,
건조하다, 뜀박질하다, 재구축하다, 스캔하다,
리콜하다, 노크하다, 모니터하다, 트리트먼트하다,
대히트하다, 빅히트하다, 드라마틱하다, 사이버틱하다,
재부팅하다, 몰수패하다, 파워풀하다, 브리핑하다,
기독교화하다, 한글화하다, 무력화하다, 유료화하다,

캡슐화하다, 데이터베이스화하다, 지역화하다, 고삐(가/를) 잡히다,
나스닥, 코스닥, 개미군단, 실사단,
방송단, 노메달, 뱀닭, 얼굴마담,
결혼담, 오빠부대, 검색대, 삼팔륙세대,
모바일세대, 보호대, 치어리더, 캠코더,
컵홀더, 삼류모델, 슈퍼모델, 호감도,
청결도, 인기도, 피로도, 비만도,
골밀도, 위생도, 충실도, 기여도,
참여도, 활용도, 쇼핑지도, 대격돌,
페미돔, 야동, 멀티브랜드, 킥보드,
롤러브레이드, 맞트레이드, 와일드카드, 직불카드,
버스카드, 교통카드, 폐카드, 전화카드,
리펀드, 글로벌펀드, 헤지펀드, 스킨헤드,
재획득, 급반등, 삼디, 아이디,
셀프코디, 딜, 빅딜, 오피스빌딩,
왕따, 몰래카메라, 감시카메라, 무인감시카메라,
이엔지카메라, 디지털카메라, 노브라, 급추락,
대폭락, 대반란, 돈바람, 춤바람,
외사랑, 패밀리레스토랑, 무통장입출금거래, 전자상거래,
파일럿프로그램, 스파이웨어프로그램, 갱스터랩, 네거티브전략,
윈윈전략, 주문량, 배변량, 음성량,
고용량, 저용량, 인터넷익스플로러, 마이크로컨트롤러,
초베스트셀러, 팬클럽, 궁시렁궁시렁, 코스프레,
초인플레, 해독력, 염동력, 논리력,
마력, 커버력, 결속력, 교섭력,
통학로, 음모론, 협상론, 바가지론,
응시료, 배송료, 아이디어료, 입원료,

쌀음료, 이적료, 채택료, 컨설팅료,
스쿨걸룩, 레게룩, 댄디룩, 란제리룩,
밀리터리룩, 네오사파리룩, 글래머룩, 서머룩,
아웃도어룩, 카우보이룩, 재즈룩, 비티지룩,
커플룩, 힙합룩, 신기류, 재이룩,
경착륙, 부담률, 구독률, 표준소득률,
취득률, 소멸률, 자살률, 재생률,
디디알, 탈장르, 구름, 체험담거리,
오락거리, 음식거리, 롱다리, 숏다리,
양다리, 마무리, 쓴소리, 엠피스리,
교통정리, 땡처리, 핸즈프리, 패브릭,
반가톨릭, 코리안드림, 휴양림, 자연,
휴양림, 선크림, 재조립, 컬러링,
스토리텔링, 커플링, 붉은악마, 주테마,
레케파마, 방어막, 보호막, 줄임말,
밥맛, 연결망, 연구망, 시범망,
유성망, 사설망, 전용망, 지원망,
직구매, 주문판매, 반짝판매, 광고맨,
넷맨, 서울대맨, 그린맨, 정보맨,
홍보맨, 엘리트맨, 넷맹, 컴맹,
개그우먼, 커리어우먼, 세일즈우먼, 엥커우먼,
컵라면, 수타면, 초대규모, 칫솔모,
먹자골목, 인터넷몰, 사이버몰, 패션몰,
반론문, 꼬리문, 재방문, 합의문,
발표문, 광고물, 엽기물, 동영상물,
학원물, 공포물, 대가뭄, 돈가뭄,
영국민, 원어민, 광고바, 안전바,

초코바, 호스트바, 열등반, 우등반,
대비반, 열반, 우반, 난개발,
동시다발, 짬밥, 등가방, 철가방,
결방, 고딩방, 중딩방, 토론방,
동아리방, 피시방, 비디오방, 게임방,
쪽방, 어깨백, 솔더백, 폴리백,
크로스백, 미니밴, 크로스오버, 턴오버,
흑표범, 생존법, 손질법, 차단벽,
도박벽, 보호벽, 수준별, 투기병,
소년병, 일반병, 생수병, 분유병,
전투병, 확률예보, 왕초보, 캐디복,
근무복, 등반복, 임부복, 정비복,
임신복, 신생아복, 자유복, 간편복,
개량한복, 생활한복, 배팅볼, 재개봉,
주말부부, 전업주부, 오디오북, 이북,
디지털북, 페이지뷰, 샤브샤브, 허브,
따따블, 떡갈비, 추도비, 사례비,
식재료비, 건립비, 투석비, 레슨비,
고연비, 저연비, 과외비, 세차비,
황금콤비, 입회비, 마늘빵, 몰빵,
쭉쭉빵빵, 고삐, 설계사, 보험설계사,
시공사, 기초공사, 피부관리사, 퇴마사,
인형술사, 보따리장사, 태극전사, 가정사,
보석감정사, 출구조사, 퇴출사, 폼생폼사,
필생필사, 보험사, 기획사, 고깃살,
급물살, 요용현상, 짭새, 참새,
철새, 형광색, 연하늘색, 와인색,

진주색, 연베이지색, 웃음샘, 특기생,
의붓동생, 의동생, 수련생, 의망생,
학부생, 고시생, 재탄생, 신고서,
백댄서, 해명서, 제안서, 내역서,
변역서, 합의서, 장애인석, 뒷좌석,
관광선, 막대풍선, 배후설, 휴대성,
비도덕성, 거래성, 로비성, 남성성,
여성성, 직업성, 비효율성, 섹션,
윈도섹션, 네비게이션, 패딩솜, 구름솜,
코믹송, 케이블방송, 원천봉쇄, 자물쇠,
폭죽쇼, 깜짝쇼, 국민가수, 무리수,
심박수, 폭력지수, 나노기술, 지방흡입술,
복제술, 기네스, 이비즈니스, 모바일비지니스,
테크노댄스, 브레이크댄스, 슈퍼바이러스, 립서비스,
로빙서비스, 캐시백서비스, 개인서비스, 퀵서비스,
팬서비스, 번개섹스, 사이버섹스, 사이버스페이스,
데이트코스, 블루투스, 박스오피스, 모바일오피스,
야간자습, 미시, 최우선시, 노선택시,
신고식, 복고식, 임관식, 복귀식,
문어발식, 은퇴식, 선포식, 삼등신,
이등신, 대변신, 개인휴대통신, 수호신,
유리온실, 농심, 믹싱, 아웃소싱,
카레이싱, 퍼즐마니아, 영화마니아, 출산아,
입양아, 공동육아, 골리앗, 대재앙,
모자애, 누락액, 채무액, 기부액,
보상액, 수신액, 매출액, 헌혈액,
대도약, 검색어, 이너웨어, 스파이웨어,

빅바이어,
모험기업,
재공연,
재사용,
커밍아웃,
여사원,
팀원,
인플레율,
뽀글이,
날쌘돌이,
고객몰이,
비보이,
상처투성이,
양궁인,
오프라인,
출간일,
스팸메일,
서바이벌게임,
포스트잇,
비만자,
비흡연자,
냄비투자,
기획자,
입국장,
발도장,
친환경적,
기하급수적,

옵션투어,
소프트산업,
재번역,
장애우,
놀이공원,
연수원,
어학원,
승소율,
블랙데이,
포돌이,
관객몰이,
엠피브이,
짠순이,
첨단인,
도메인,
개관일,
잡부일,
온라인게임,
감자,
탈북자,
원칙주의자,
여성학자,
대결작,
투기장,
방장,
자포자기적,
방어적,

에코투어,
소믈리에,
재분열,
런다운,
산후조리원,
고시원,
유학원,
속도주의,
블랙먼데이,
똘똘이,
바람몰이,
빡빡이,
조개잡이,
샤넬라인,
실명인,
입국일,
무세일,
피크타임,
제공자,
접속자,
개미투자자,
목회자,
차기작,
새단장,
고성장,
역기능적,
비교육적,

전자기업,
재부여,
뮤직비디오,
도움,
택배원,
여종업원,
백분위,
순정주의,
화이트데이,
단독플레이,
관중몰리,
범생이,
얼큰이,
스카이라인,
웹디자인,
창립일,
반짝세일,
재가입,
입국자,
아자,
만점자,
입회자,
초대작,
손도장,
오토캠핑장,
정서적,
근본주의적,

모험주의적, 토착적, 수치적, 반개혁적,
특가전, 속도전, 합동전, 개막전,
급반전, 데뷔전, 타결점, 강조점,
콩가루가정, 미조정, 시간제, 방강제,
요금제, 차단제, 연동제, 보충제,
기쁨조, 자살조, 일석삼조, 애견족,
댄디족, 건배주, 칵테일소주, 팩소주,
컬러렌즈, 플랫슈즈, 프리사이즈, 스니커즈,
핫시즌, 네티즌, 센세이셔널리즘, 기피증,
휴가지, 흑돼지, 코딱지, 농림지,
새아버지, 문자메시지, 홈페이지, 재생화장지,
오토캠핑지, 비정규직, 정규직, 계약직,
육아휴직, 수비진, 투수진, 웹진,
이진, 연출진, 뜀박질, 민박집,
점집, 호프집, 타짜, 귀찌,
발찌, 주소창, 지원책, 수요처,
서식처, 재접촉, 빌딩촌, 갈비촌,
오피스텔촌, 아파트촌, 웨스턴부츠, 드레스셔츠,
청티셔츠, 콘텐츠, 기득권층, 브리치,
뽕망치, 몸치, 재설치, 컵받침,
퀸카, 킹카, 트러블메이커, 키커,
네티켓, 레이싱퀸, 러브콜, 컬렉트콜,
하이퍼링크, 트레이드마크, 워터마크, 모자이크,
테마파크, 카드키, 싱글재킷, 인터넷뱅킹,
골드뱅킹, 프라이빗뱅킹, 모바일뱅킹, 스토킹,
대타, 아바타, 월드스타, 벼락스타,
결승타, 웃음폭탄, 노천탕, 온천탕,

프리터,
원룸텔,
중간톤,
철통,
애널리스트,
메이크업아티스트,
포털사이트,
펠트,
노팬티,
더블캐스팅,
헌팅,
해외파,
라틴팝,
사이버카페,
인터넷폰,
개폼,
출하품,
웹서핑,
신공항,
현장체험,
뻔뻔형,
범세계화,
프로페셔널화,
섹션화,
감정화,

큐레이터,
지리정보시스템,
가개통,
먹튀,
플로리스트,
업데이트,
인라인스케이트,
싼티,
소개팅,
페이스페인팅,
막가파,
완결판,
광팬,
감소폭,
임대폰,
천사표,
피디피,
토핑,
쌍방향,
수혈,
내장형,
기독교화,
슬럼화,
대도시화,
정규직화,

헤드헌터,
무인경비시스템,
재개통,
매니지먼트,
매니큐어리스트,
사이트,
포인트,
총각파티,
재부팅,
폰팅,
국내파,
한글판,
올드팬,
상승폭,
사이버폰,
울샴푸,
피투피,
한,
양방향,
저가형,
일체형,
서구화,
실명화,
체인화,
학생회

콜라텍,
돌비시스템,
미끼통,
트리트먼트,
헤어스타일리스트,
웹사이트,
터닝포인트,
테마파티,
컨설팅,
래프팅,
알뜰파,
저페니즈팝,
인터넷카페,
조폭,
카폰,
단품,
핌피,
음성사서함,
무보험,
보급형,
예술혼,
단기화,
대규모화,
점자화,

2001년

가사용,　가슴높이,　가수왕,　가정용,
가족애,　가축병,　갈등설,　감독비,
감독상,　감상평,　감성화,　감식관,
강서브,　강화마루,　강훈련,　개국일,
개막일,　가봉작,　개썰매,　개인기,
개인정보단말기,　개인휴대정보단말기, 개최국,　개표기,
갤러리,　거래인,　거실용,　거지춤,
건강빵,　건설사,　건축계,　건축용,
검투사,　게릴라식,　게이트,　겨울리그,
격려성,　견인되다,　견인료,　고무링,
고무찰흙,　고문기,　고속도로망,　고위직,
고자질쟁이,　골프가방,　골프복,　골프화,
공격용,　공격형,　공구사이트,　공기업화,
공립화,　공부상,　과금,　공중파,
과목별,　곡선형,　골든칼라,　골반형,
과속방지턱,　관광박물관,　관광지도,　관련사,
관심법,　광고업계,　광우병,　교류전,
교습생,　교육인적자원부,　교환망,　국가별,
국가신용등급,　국무총리실,　국밥집,　군필자,
권총강도,　귀족병,　규모별,　그림편지,
극장표,　근원적,　금고업계,　금융권,
급식원,　기간제,　기계치,　기대작,
기록제조기,　기본값,　기본료,　기업별,
기획전,　김치냉장고,　깜짝손님,　깻잎머리,
끈나시,　나시,　낙서벽,　낙찰률,
낭만화,　내려받기,　냉온탕,　냉풍기,

네일숍, 네일아트, 넥타이부대, 노타이용,
놀거리, 뉴커머, 뉴터러리즘, 다용도실,
다이내믹하다, 다이버, 다주택, 다큐,
단계별, 단속자, 단풍객, 닭갈비,
닭살스럽다, 담배세, 당근정책, 대검사,
대국민, 대기성, 대기자, 대모험,
대반전, 대분열, 대수술실, 대스타,
대실료, 대실수, 대안학교, 대이변,
대졸자, 대중가곡, 대태러, 대표단장,
대표팀, 대학노트, 대학수학능력고사, 대형택시,
댄디풍, 댄디하다, 댓글, 데뷔곡,
도구용, 도구화, 도시형, 도입량,
도킹스테이션, 도트프린트, 독서량, 돌려막기,
돌침대, 두뇌파, 듀레이션, 드라이브인족,
등록자, 등산용, 드렉터스컷, 디브이디방,
디브이디플레이어, 디자인하다, 디폴트, 딤섬,
따발총, 떡붕어, 뜨거운감자, 라면집,
라미네이트, 라식, 라운드형, 라운딩,
라이프스타일의약품, 라이프플래너, 램프광, 런닝머신,
러닝타임, 런치투어, 레이어드식, 레저용,
로밍, 로펌, 롤플레잉게임, 루어,
룰루랄라, 리모델링컨설턴트, 리모델링하다, 리버퍼링,
리조트족, 리조트, 리조트웨어, 리폼업,
마구잡이식, 마린룩, 마약견, 마약류,
마약범, 마일리지, 막대사탕, 막숯,
만석, 말풍선, 맛집, 맞짱,
맞춤복, 매력남, 매실즙, 맹비판,

머그게임, 머그컵, 머드게임, 먹거리거리,
먼지봉투, 멀리건, 멀티플랙스, 메모판용,
메인작가, 메일, 메일함, 명령권,
명퇴금, 모기업, 모던하다, 모바일,
모티즌, 모험주의자, 몸치, 무노동,
무노조, 무수익, 무허가촌, 문자사고,
문제은행, 문화상품, 물량공세, 물뽕,
미개봉작, 미국병, 미국식, 미끼상품,
미남형, 미니시리즈, 미래학자, 미신고자,
미팅호스트, 민주성, 밀리언셀러, 밀실주의,
밀실, 바닥, 바둑계, 바람머리,
바로크식, 바이러스성, 바탕하다, 박쥐상품,
반일파, 발마사지, 발열부, 박스권,
박치, 반국가, 반딧불족, 반사회,
반영도, 발굴단, 발랄녀, 발열부,
밤기차, 밤샘조사, 방문과외, 방문지도,
방송물, 방출, 배, 배달점,
배설량, 배출량, 백과사전식, 백조,
밴드형, 버퍼링, 번지점프대, 범국가적,
범용성, 법의학자, 베이미부머, 베이비시터,
벤치선수, 벨소리, 벨트화, 보도물,
보드, 보따리장수, 보물선, 보습팩,
보안망, 보완책, 보유국, 보장제,
보트장, 보행보조기, 보호구, 보호령,
보호망, 복리후생비, 본회의장, 볼륨업,
볼링화, 볼살, 볼풀, 부스,
부킹, 부티크, 북마크, 북마크하다,

분비량, 분산화, 불량국가, 불량서클,
브랜드매니저, 붙박이형, 브로드밴드, 브이자형,
블랙잭, 블랜딩위스키, 블루투스, 비겁자,
비노조원, 비만족, 비상시스템, 비상식성,
비인권, 비장애인, 비전투, 비판론자,
빈집털이범, 빈티지패션, 빌티인키친시스템, 뽀시시하다,
사각턱, 사립화, 사막화되다, 사무국장,
사무직, 사이버대학, 사이버마케팅, 사이버머니,
사이버수사대, 사이버패스, 사자성어, 사진발,
사커맘, 삭발식, 삼림욕장, 삼수생,
삼진아웃제, 상업극, 새도시, 샌들형,
샘플화, 생계형, 생달걀, 생존성,
샤머니즘적, 샤워장, 샥스핀, 서라운드시스템,
서랍장, 서브형, 서비스화, 서정주의,
서포터스, 선물거래소, 선식, 선팅,
선행학습, 선호자, 성대결, 성고문,
성범죄자, 성상납, 성역시되다, 성인물,
성인식, 성인용, 성장치, 성차별,
성폭력범, 섹스리스부부, 셀프카메라, 고방수,
소신성, 소프트화, 속맛, 솔풀이,
쇼크사, 쇼크사하다, 쇼핑벽, 수급장,
수능떡, 수능생, 수능시험, 수비벽,
수수방관적, 수신료, 수업비, 수유율,
수입육, 순례지, 순응주의, 순정남,
쉐이빙디자이너, 슈퍼맘, 슈퍼볼, 슈퍼컴퓨터,
스노모빌링, 스노체인, 스노클, 스노클링,
스마트폰, 스카이카, 스크린세이버, 스크린피자,

스크립트, 스킨색, 스탠드램프, 스터디카페,
스트라이프, 스트랩샌들, 스트레스성, 스트리밍,
스포츠화, 슬라이딩도어, 슬로푸트, 슬리브리스,
슬리브리스톱, 슬림하다, 슬림화, 승부욕,
시다바리, 시리즈물, 시멘트길, 시뮬레이션게임,
시스루, 시음회, 시장패션, 시티아이,
식스맨, 식품류, 신개축, 신규성,
신년인사회, 신매체, 신병기, 신부전증,
신사회, 신에너지, 신용불량자, 신인상,
실용주의적, 실시단대, 실험용교과서, 실효적,
심야영화, 심화학습, 십이지장암, 쌀라면,
쌍절곤, 야동물, 아시아적, 아이티,
아이펜슬, 아케이드게임, 악덕인, 악의적,
안개분수, 안마의자, 안식년제, 안전대,
안전장갑, 안창살, 안티맨, 알카로이드,
압출식, 애완동물용, 애플민트, 야구관,
야식집, 약알칼리성, 양념구이, 어드벤처물,
엄마젖, 업그레이드판, 업무량, 업무용,
에스세대, 에어매트리스, 엑설런트하다, 엔딩,
여벌옷, 여성화, 여성부, 여장교,
여직원, 연구진, 연구팀, 연극표,
연기상, 연령대, 연습벌레, 열람용,
엽기녀, 엽기토끼, 영업직, 영유권,
예매표, 오류투성이, 오일머니, 오작동되다,
오프로드, 오픈공격, 옷가게, 온실가스,
와이드화면, 운동화형, 운반책, 운전용,
워킹홀리데이, 원리주의자, 원플러스전략, 월드시리즈,

월드인,　　　　월선,　　　　　월투월,　　　　　웨딩플래너,
웹마스터,　　　웹매거진,　　　웹보드,　　　　　웹보드게임,
웹채팅,　　　　웹캠,　　　　　윗선,　　　　　　유격장,
유닛,　　　　　유니섹스풍,　　유료화하다,　　　유리지갑,
유무선,　　　　육성화,　　　　은닉설,　　　　　은둔국,
은따,　　　　　음성다이얼,　　음악분수,　　　　의류용,
의문사,　　　　이동통신,　　　이마켓플레이스,　이머징마켓,
이미지화,　　　이벤트성,　　　이슈화,　　　　　이슈화하다,
이온음료,　　　이용료,　　　　이인조,　　　　　이주비,
이지재킷,　　　이질감,　　　　이카드,　　　　　이혼율,
인권법,　　　　인디고블루,　　인터넷전화,　　　인턴제,
일반형,　　　　일상복,　　　　일상복화,　　　　일상인,
입석표,　　　　자국어,　　　　자동차용,　　　　자료실,
자바게임,　　　자살사이트,　　자식농사,　　　　자연식초,
자연학습장,　　자원봉사,　　　자원봉사자,　　　작가주의,
작명소,　　　　잔디볼링,　　　장난전화,　　　　재대결,
재반입,　　　　재수감되다,　　재전송,　　　　　재추진되다,
재취득하다,　　재페니메이션,　재해석되다,　　　재혼녀,
재혼남,　　　　저가품,　　　　적립식,　　　　　적자액,
전달력,　　　　전시성,　　　　전셋값,　　　　　전세난,
절감형,　　　　절세형,　　　　절약형,　　　　　절전형,
정리해고,　　　정장풍,　　　　정치화,　　　　　정확률,
제비집,　　　　제왕절개,　　　제조사,　　　　　조각물,
조랑떡,　　　　조련술,　　　　조리장,　　　　　조작국,
조폭적,　　　　좀비,　　　　　종이신문,　　　　종합선물세트형,
좌석버스,　　　주말극,　　　　주말드라마,　　　주차비,
준기업화,　　　준비물,　　　　즉석화하다,　　　증권사,

지방흡입술, 지지후보, 직립형, 직업별,
진검승부, 쫄티, 쫑, 찜닭,
찜질기, 찜질팩, 차단막, 차세대용,
차익거래, 차종별, 청소년용, 성소년층,
초혼남, 초혼녀, 총정리, 총정리하다,
총학생회장, 최강자, 최강팀, 최고령자,
최상위, 최연소, 최연소자, 최적합하다,
추도객, 출소자, 출입권, 치료술,
카드결제기, 카운터파트너, 캐디백, 캐주얼풍,
캐피털, 캠페인적, 캠프파이어장, 캠핑장,
커피타임, 코골이, 큐시트, 크랭크인하다,
크림색, 클리어파일, 키즈산업, 키핑,
타투, 타이틀곡, 탈부착하다, 태양력,
택배업, 터프가이, 테마여행, 테이크아웃,
톱, 톱프로, 통굽, 퇴치법,
트랜스젠더, 트레이, 트레이드되다, 트릭,
특목고, 특성화, 특수목적고, 특출나다,
파라미터, 파열음, 파파라치, 팝업창,
팝폴더, 패러디하다, 패킷요금제, 팬피자,
펌프장, 페미니티룩, 페디큐어, 펜션,
편입학, 평가전, 평형, 포인트가드,
폭탄나이트, 폴로셔츠, 푸드스타일리스트, 푸드코디네이터,
프랜차이즈화, 프라다룩, 프로용, 프레시하다,
프로페셔널리즘, 플라워프린트, 플레잉코치, 피그말리온효과,
피시카메라, 피팅감, 피팅룸, 핑크빛,
핑크색, 하우스, 학생부, 학원가,
학습실, 한국화, 한류, 핫백,

핫스팟,　　　　해비타트운동,　　핸디형,　　　　핸즈프리,

햇마늘,　　　　행정반,　　　　헤드셋,　　　　헐크,

헌혈차,　　　　헤드셋,　　　　헤드헌터,　　　헬스,

호러광,　　　　혼인율,　　　　홈스테이,　　　홈시어터,

화상전화,　　　화이트닝,　　　화장술,　　　　화제작,

황혼이혼,　　　희귀율,　　　　후드점퍼,　　　후불식,

후폭풍,　　　　휴대전화컴퍼니,　흡입력,　　　　흡착력,

희생양,　　　　히트곡,　　　　히트작

2002년

가스 타이머,　　가족타운,　　　광렌즈,　　　　감마 나이프,

개그성,　　　　갤러리촌,　　　건강테크,　　　게릴라성,

게이트,　　　　게임단,　　　　게임 캐스터,　　결승골,

고가레일,　　　고시텔,　　　　골드깡,　　　　골드키위,

골든벨,　　　　골든슈,　　　　골든 위크,　　　골든 크로스,

골맛,　　　　　골망,　　　　　골사냥,　　　　골세례,

골폭풍,　　　　공간 패스,　　　공짜폰,　　　　과일 카페,

광마우스,　　　구일일 테러,　　구전 마케팅,　　그룹화,

그룹화하다,　　글꼴 디자이너,　글로벌 브랜드,　급커브,

기프트 카드,　　김치까스,　　　김치치즈까스,　나노,

나프타,　　　　내시경 카메라,　네이밍,　　　　네일 아티스트,

넷카페,　　　　니코틴껌,　　　다이,　　　　　다큐물,

다큐 소설,　　　대테러전,　　　댄스 뮤지컬,　　댄커스,

데드 크로스,　　데뷔골,　　　　돌핀 킥,　　　　동메달리스트,

동점골,　　　　두뇌 피칭,　　　두바이유,　　　드레스룸,

드레스코드,　　드림렌즈,　　　드림팀,　　　　디지털 사진관,

디지털 세대, 디지털앨범, 디지털영화방, 디지털적,
디카족, 딩크족, 떡버거, 떡샌드위치,
라섹, 라우터, 라이스버거, 러닝화,
러브샷, 러브호텔촌, 럭셔리하다, 런칭쇼,
레드 세대, 레드 콤플렉스, 레스토랑형, 레이스카,
레인커버, 레저 마케팅, 레즈, 레코드점,
레토르트밥, 렌즈 플레어, 렌털업, 로고송,
로데오거리, 로맨틱 코미디, 로밍폰, 로봇개,
로봇 월드컵, 로비용, 로즈데이, 롤 오버,
룸시어터, 리듬박수, 리셋 증후군, 링크하다,
마라토너, 마이너 리거, 마이너 리그, 마이너스 통장,
마진콜, 마초, 마초적, 마케터,
마크하다, 마킹펜, 매거진 카페, 매립가스,
매칭 펀드, 맥도널드화, 멀티카페, 멀티플레이어,
메가셀러, 메모리스틱, 메신저 세대, 메이저 리거,
모기지, 모기지율, 모니터링하다, 모델 포트폴리오,
모바일 게임, 모바일오피스족, 모바일용, 모터사이클족,
몰카, 무선랜, 무슬림, 무인 단속 카메라,
무인 카메라, 문화 마케팅, 미니멀하다, 미니장미,
미드필더, 미들 슛, 미디어석, 미디어적,
미시부대, 미투제품, 믹스트존, 밀레니엄 학번,
바나나보트, 바리스타, 바캉스지, 박스형,
반스타킹, 발마사지기, 방울토마토, 방팅,
방팅하다, 백라이트 유닛, 백태클, 백패스,
백패킹, 백헤딩, 버블티, 버블화,
버블화되다, 버블화하다, 버스비, 버스 전용 차로,
범퍼카, 베팅, 벤처인, 벤치맨,

벨크로,
볼끝,
북마크하다,
브랜드화하다,
비치발리볼,
빅리그,
빌트인되다,
사이버 설계사,
사이버 중독자,
사인볼,
서비스망,
세일가,
소파,
소호형,
쇼핑타운,
슈퍼세균,
숏터링,
스켈레톤,
스키점프,
스팸 메시지,
스포츠룩,
슬로프,
시리즈성,
시스템 펀드,
시프트록,
실버 상품,
싱글족,

보이스펜,
볼 마우스,
불섹션,
브론징,
비치볼,
빅모델,
사이드카,
사이버식,
사이버패밀리,
사주 카페,
서클렌즈,
센터링하다,
소프트머니,
솔루션,
쇼호스트,
슈퍼슈퍼노트,
스노보더,
스쿨존,
스타일리시하다,
스팸성,
스포츠형,
승전골,
시뮬레이션 액션,
시제이,
신 클라이언트,
실버시티,
싱크족,

보톡스,
볼보이,
뷰티 산업,
블루데이,
비치사커,
빅뱅,
사이버깡,
사이버 아파트,
사이버팸,
새우버거,
선블록,
셀룰라이트,
소호몰,
쇼핑점,
슈퍼 그랜드 슬램,
숏가뭄,
스니커즈 양말,
스크린도어,
스탠딩공연,
스팸폰,
스피드감,
시네마,
시뮬레이션하다,
시타,
신패러다임,
실버폰,
쐐기골,

복싱복,
볼스태프,
브랜드칩,
비닐하우스촌,
비포 서비스,
빌딩타기,
사이버범죄,
사이버 중독,
사이버풍,
샤프하다,
세미나실,
셔터문,
소호족,
쇼핑 중독증,
슈퍼박테리아,
숏발,
스마트카드형,
스키복,
스토킹하다,
스포츠광,
스피디하다,
시네마자키,
시범쇼,
시푸드,
실버 바람,
실버형,
쓰레기 메일,

아날로그적,

아이스맨,

아이템,

애로점,

야오이,

업그레이드형,

에어돔,

엑스터시,

역의 펀드,

예산맨,

오디오적,

오버하다,

오티,

온라인 우표제,

올스톱,

와인 냉장고,

원샷,

웹서점,

윈윈,

유로 달러,

음성 메시지,

인라인스케이트족,

인터넷 중독,

인테리어비,

점술 카페,

제로화,

지피에스,

아로마세러피,

아이스발레,

아트페어,

애프터 마켓,

야쿠자식,

업 숏,

에어방석,

엔엘엘,

역전골,

옐로데이,

오버래핑,

오컬트족,

오프숄더,

온리원 전략,

올스톱되다,

외곽 숏,

웜,

웹 카메라,

윈윈하다,

유스텍,

이러닝,

인센티브율,

인터넷 투표,

잉크 충전방,

점프 숏,

제로화하다,

진실 게임,

아메바식,

아이스재킷,

알바,

앤티크하다,

양키 본드,

에너지워터,

에이브이,

엔진커버,

연봉킹,

오개닉쿠킹,

오버랩되다,

오타쿠,

옥매트,

올스타,

옵저국,

워킹머신,

웜바이러스,

웹페이지,

윙백,

유커머스,

이름 브랜드,

인소싱,

인터뷰룸,

자이리톨,

정글 법칙,

제이에스에이,

차이나 드림,

아이러니컬하다,

아이언 샷,

애견 카페,

앨리웁 숏,

언더,

에뮬레이터,

에프 세대,

엠피포플레이어,

영파워,

오개닉푸드,

오버맨,

오토챔핑족,

온라인 뱅킹,

올스타전,

와이투케이,

원룸형,

웨이트 트레이닝장,

웹페이지화하다,

유럽식,

은메달리스트,

이벤트카,

인저리 타임,

인턴십,

재동점골,

정치 게임,

주택촌,

챔피언전,

청와대 고스톱, 체크아웃하다, 초인플레이션, 치킨 게임,
카드깡하다, 카 매니저, 카멜레온적, 카운터파트,
카파라치, 카페테리아식, 카피되다, 카피품,
캐넌 슈터, 캐시카우, 캠발, 캠페인송,
캠프지, 캠핑족, 캠핑촌, 커뮤니티,
커밍아웃하다, 커플데이, 커플 매니저, 커피짐,
컨설팅사, 컨설팅업, 컨설팅하다, 컨트롤타워,
컬러링, 컬러폰, 컴바이러스, 컷오프,
컷오프되다, 케밥, 케이보드, 케이준,
코리아 디스카운트, 코리아타운, 코리안 타임, 코믹극,
코발트빛, 코스튬플레이, 코치진, 콤비플레이,
쿠데타적, 쿨하다, 큐빅, 클러버,
클럽룩, 키덜트, 키즈 마케팅, 키토산,
타로카드, 타이거 슬램, 터치감, 터치패드,
터프걸, 테러전, 테크노클럽, 텔레뱅킹,
템플스테이, 투톱 시스템, 트레이닝복, 트렌드,
트렌디하다, 티브이폰, 티커머스, 파사드,
파우더룸, 파운드리, 파티 플래너, 팝광고,
패닉룸, 패밀리, 패밀리룩, 패밀리맨,
패스트푸드점, 팬픽, 퍼포먼스, 퍼플골드,
펍, 페이오프, 페이퍼컴퍼니, 펜 마우스,
편의식, 편부모, 평교수, 폐차장,
폐플라스틱, 포인터, 포토 메일, 포토 타임,
폰카메라, 폰파라치, 폰페이지, 폴더,
폴더형, 폼클렌징, 푸드뱅크, 풋살,
풋살 축구, 프라이버시권, 프라이빗 뱅커, 프랜차이즈,
프로그래밍하다, 프린터, 플래시, 플라스틱머니,

플레이메이커, 피디에이폰, 피서족, 피시 게임,
피케이, 픽업, 픽업폰, 픽업하다,
픽토그램, 필드플레이어, 필름, 필름 마켓,
필승카드, 하이브리드 자동차, 학위자,
학점 은행제, 한국풍, 한부모, 할리우드 액션,
항바이러스, 해고자, 해고책, 해킹국,
헬리코박터균, 혈증, 호러물, 호러팬,
호모 텔레포니쿠스, 호스트, 호스트시티, 호텔업,
호프레스토랑, 홈 관중, 홍보 대사, 확전되다,
황금시장, 회삿돈, 후불카드, 흔들침대,
흡연석, 희귀병, 히딩크 스코어, 히피룩

2003년

KIN, 파격가, 실거래가, 매매가,
분양가, 납품가, 투명감, 거부감,
즐감, 면회객, 블로거, 빅리거,
애교걸, 업타운걸, 축구계, 한국계,
애니메이션계, 마술계, 성가곡, 엔딩곡,
수록곡, 테마곡, 추모곡, 후속곡,
신청곡, 벼락곡, 놀이기구, 이동권,
카드권, 영미권, 카드복권, 로또복권,
영어권, 블로그, 이스터에그, 불륜극,
형사극, 게시글, 축하금, 국빈급,
도사급, 신인급, 깍두기, 신무기,
음식물탈수기, 종이접기, 이종격투기, 신혼기,
귀국길, 하늘길, 귀성길, 털이꾼,

역전세난, 엽기남, 느끼남, 완벽남,
연하남, 플래너, 북디자이너, 무선인터넷,
뚱녀, 의리녀, 꽃소녀, 순진녀,
기혼녀, 미혼녀, 스마트머니, 애니,
퍼가다, 리마스터링되다, 재발매되다, 얄짤없다,
죽임이다, 어젠다, 재편곡하다, 쓴소리하다,
스크린하다, 피처링하다, 탈북하다, 리뷰하다,
오디션하다, 빈티지하다, 브라우징하다, 뻘쭘하다,
방콕하다, 마킹하다, 발레파킹하다, 원더풀하다,
사건화하다, 무료화하다, 자료화하다, 네트워크화하다,
사단, 관악단, 공연단, 후원단,
스포츠단, 체험단, 기획단, 연애담,
경로담, 정비대, 실버세대, 사이버세대,
유비쿼터스시대, 브리더, 패션리더, 롤모델,
구도, 오륙도, 백도, 세미누드,
디지털도둑, 패션누드, 리드, 하이브리드,
스토리보드, 캐시백카드, 정크푸드, 웹하드,
블랙헤드, 야광등, 스탠딩코미디, 엠디,
스리디, 투디, 로또, 생명띠,
봄샘바람, 멘토링프로그램, 이동량, 훈련량,
투여량, 고열량, 저열량, 권장량,
끝내기홈런, 솔로홈런, 굿바이홈런, 초강력,
무동력, 출산력, 비상령, 고연령,
주례, 멜로, 재반론, 배신론,
회의론, 타협론, 소개료, 건보료,
강사료, 서비스료, 탑승료, 공연료,
보육료, 독서치료, 트레이닝룩, 체크룩,

총기류, 석유류, 찬성률, 숫률,

초저금리, 와이너리, 태블릿, 마스터링,

리마스터링, 필터링, 싱글마마, 그늘막,

싱글맘, 탈셀러리맨, 서비스맨, 퀵서비스맨,

셋업맨, 마초맨, 버터맨, 게이머,

사이버쇼핑몰, 플래시몹, 스마트몹, 꿈나무,

철문, 방화문, 코미디물, 섹시미,

디바, 스트립바, 게이바, 피박,

명반, 감사반, 단속반, 단발,

바퀴신발, 칸막이방, 시즌방, 잉크방,

이태백, 골프백, 콜밴, 베스트앨범,

폭행범, 성폭행범, 코디법, 구분법,

기변, 업종별, 후임병, 곰보,

발레복, 에어로빅복, 마라톤복, 파티복,

무삭제본, 골볼, 다운볼, 오케이볼,

무빙바스켓볼, 노크볼, 에스에프볼, 건강기록부,

포토북, 콘티북, 리뷰, 파세이브,

따따따블, 등록비, 심사비, 스마트소비,

연수비, 택시비, 작업비, 바캉스베이비,

월드컵베이비, 갈매기아빠, 테니스아빠, 골프아빠,

호빠, 졸업빵, 중개사, 상담가,

청소년상담가, 체형관리사, 추모사, 음반사,

사이버무역사, 개인사, 코드인사, 매니지먼트사,

형사, 미인상, 반수생, 휴학생,

로샷, 미스샷, 벨리댄서, 비판서,

물방석, 결별설, 강요설, 개입설,

조직설, 폭행설, 경고성, 무균성,

역동성, 홈런성, 폭로성, 선명성,
홍보성, 카지노세, 테크니션, 인터미션,
멀티메이션, 셀프메디케이션, 매지션, 셀프주유소,
감옥청소, 돈세탁소, 빙속, 엽기송,
테마송, 나홀로소송, 도그쇼, 갈라쇼,
레이저쇼, 역전쇼, 매직쇼, 헤어숍,
태보댄스, 나이트댄스, 밸런스, 힐리스,
브릭스, 베타서비스, 사스, 폰섹스,
휴머니언스, 왁스, 펜트하우스, 나이스,
디톡스, 사이버캠퍼스, 모바일캠퍼스, 플러시,
야마카시, 단명식, 상승식, 화풀이식,
별장식, 키스신, 제독실, 세피아,
소수안, 규제안, 개편안, 결제액,
대출액, 퇴치약, 피규어, 노스탤지어,
헤어매니큐어, 시리얼, 렙업, 레벨업,
키즈사업, 이미지업, 소믈리에, 디브이디오디오,
카오디오, 애견용, 진단용, 나들이용,
개인용, 브리핑용, 뉴타운, 귀족타운,
막싸움, 화이트아웃, 풋아웃, 보디플라워,
카놀라유, 빈곤율, 응시율, 연결음,
통화연결음, 구구데이, 삼겹살데이, 할로윈데이,
물방망이, 추석맞이, 용돈벌이, 비보이,
파파보이, 시골살이, 죽순이, 대마잡이,
무예타이, 올인, 네거티브캠페인, 골프인,
사이버게임, 테이블게임, 엑스게임, 야자타임,
비보잉, 사채업자, 행위자, 평화주의자,
연금생활자, 컴백작, 리메이크작, 멀티잡,

얼굴도장,
스케줄매니저,
몰카족,
보트슈즈,
악티즌,
아메리카니즘,
센터진,
익스트림스포츠,
커리어코치,
디카,
폰카,
브랜드메이커,
방콕,
마스터키,
어쿠스틱기타,
동점타,
비즈니스센터,
스페셜리스트,
팬아트,
패티,
길거리마케팅,
만루포,
뮤직폰,
엘피,
스와핑

그룹장,
디지털텔레비젼,
스노슈즈,
비어닝시즌,
안티즌,
부시즘,
다우징,
엑스스포츠,
금연패치,
웨딩카,
캡,
글로컬,
커팅콜,
인라인하키,
홈런타,
팜므파탈,
카시어터,
디지털리스트,
게임사이트,
그라피티,
미스터리쇼퍼,
캠코더폰,
얼짱폰,
홈피,

로드매니저,
패션족,
앵클스트랩슈즈,
포스트시즌,
폰티즌,
네타티즘,
브라우징,
이스포츠,
시뮬레이션피칭,
투어링카,
트레커,
슈퍼닷컴,
떡케이크,
힐킥,
패셔니스타,
뉴스레터,
내비게이터,
로맨시스트,
깜짝파티,
사이버팅,
펌,
슬라이드폰,
캠폰,
사이버쇼핑,

푸드매니저,
웰빙족,
롤러슈즈,
로티즌,
귀차니즘,
촬영진,
밀리스포츠,
다이빙캐치,
튜닝카,
콘셉트카,
이슈메이커,
나홀로티켓,
나노테크,
발레파킹,
아이돌스타,
컬렉터,
디너콘서트,
보디아트,
코스튬파티,
바캉스팅,
홈런포,
게임폰,
재즈풍,
스카이서핑,

2004년

산악가, 소비자가, 서점가, 최초가,
재허가, 보건휴가, 모래조각, 얼음조각,
슈퍼독감, 드라이브감, 샷감, 스타트감,
시승객, 이미지걸, 액션피겨, 애플망고,
발라드곡, 라이브리그, 전자태그, 동점극,
덧글, 밀수금, 선발급, 우수급,
열감기, 한우고기, 생활쓰레기, 이온수기,
뒤땅치기, 드럼세탁기, 방문길, 휴대폰깡,
깡, 몸깡, 얼깡, 춤깡,
누리꾼, 경매꾼, 아카시아꿀, 티머니,
에스닉, 포토제닉, 베이스러닝, 더블아웃되다,
매뉴얼화되다, 빡세다, 스테디하다, 다이빙하다,
크로스하다, 릴리스하다, 리뉴얼하다, 셀카하다,
시크하다, 핀포인트하다, 임팩트하다, 마케팅하다,
리폼하다, 펌핑하다, 신모델, 애프터모델,
비포모델, 거미독, 운동중독, 프리보드,
밸런스보드, 제트보드, 컨시드, 원바운드,
티머니카드, 블랙카드, 체크카드, 악성코드,
디지털키드, 블랙푸드, 에이치디, 에이디에이치디,
스터티, 케이스스터디, 브라, 아우라,
폴라, 랙, 루프랙, 랩,
와인셀러, 레슬러, 장내홈런, 스리런홈런,
투런홈런, 랑데부홈런, 발걸레, 비폭력,
와이브로, 게임론, 신데렐라신드롬, 디브이디롬,
럭셔리룩, 캐주얼룩, 화이트룩, 미니룸,
럭셔리, 울트라럭셔리, 서브스리, 도토리,

초슬림, 트림, 스테디셀링, 트라우마,
뉴스망, 슈퍼우먼, 패러디물, 해물,
가사도우미, 스포츠클라이밍, 스리백, 큐백,
홈서버, 나노실버, 스카이버, 베이스커버,
디톡스법, 덤벨, 와인병, 건보,
오존주의보, 탱고복, 짐볼, 김치볼,
전자북, 메이킹북, 드라이브, 세이브,
자이브, 파워커브, 낮비, 스카우트비,
헬스로빅, 아쿠아에어로빅, 고기겹빵, 웨지샷,
굿샷, 익스플로전샷, 자소서, 성적서,
공인인증서, 내비게이션, 노플레이션, 팩션,
베이비채소, 인터넷송, 허무송, 올챙이송,
싸가지송, 원츄송, 체포술, 벼락슛,
가위슛, 논스톱슛, 방송댄스, 비트박스,
리무진버스, 간선급행버스, 루스삭스, 스타트하우스,
바운스, 서브에이스, 컨버전스, 셔터찬스,
쿨파스, 핫파스, 백패스, 세트오펜스,
오피스, 플라이낚시, 브이디시, 지름신,
수유실, 부심, 북크로싱, 피싱,
다이어트약, 초절약, 쿨미디어, 일인미디어,
프리미어, 애드웨어, 골프웨어, 리뉴얼,
푸시업, 집업, 쇼콜리티에, 재촬영,
서브왕, 경구용, 레이싱용, 커플용,
브라운, 크라운, 트리플크라운, 더블아웃,
플라이아웃, 홀아웃, 맥가이버주의, 머니데이,
다이어리데이, 실버데이, 키스데이, 와인데이,
밸런키친데이, 에그프라이, 트릭플레이, 미스플레이,

에프티에이,
세금포인트제,
디아이와이족,
펌킨족,
글레이즈,
사이버테러리즘,
패션지,
바우처,
성파라치,
부츠컷,
덩크,
파워워킹,
북마스터,
토토,
컬러리스트,
노버튼,
오에스티,
스펙,
그라운드골프,
펌핑,

메타적,
패러싱글족,
레포츠족,
악플족,
마일즈,
스트링바지,
전입지,
어그부츠,
세컨드카,
리콜,
무빙워크,
핸드체킹,
숍마스터,
시트벨트,
퓨처리스트,
배틀,
티팬티,
박스폰,
레시피,
인터랙티브형,

구조조정,
카이트보드족,
셀카족,
그린존,
노티즌,
배바지,
붙임쪽지,
버튼다운셔츠,
사이드어태커,
호러퀸,
글렌체크,
에디터,
로고포스터,
페달보트,
카트,
폴라티,
포켓판,
쌍둥이폰,
피브이피,
저소비형

마이너스옵션제,
토이카메라족,
디지털스쿨족,
황금주,
색티즌,
스판바지,
폰사진,
선수층,
미니컵,
액션퀸,
스쿨뱅킹,
웹에디터,
고스트헌터,
스탠딩콘서트,
퀄리티스타트,
마이너리티,
불펌,
다이어트폰,
맥거핀,

2005년

KIN,
볼륨감,
손베개,
훌리건,

육성가,
통일감,
추모객,
포르노걸,

무역가,
부피감,
블로거,
마마걸,

상종가,
미공개,
코리안 리거,
비걸,

레이싱걸, 로디오걸, 카우걸, 서킷걸,
액션피겨, 퓨전재즈계, 사금고, 검사고,
와인 냉장고, 가상박물관, 가상도서관, 디지털 사진관,
프로 야구광, 인터넷광, 스피드광, 시뮬레이션광,
휴대전화중독증후군, 스톨홀름 증후군, 헌집 증후군, 새집 증후군,
카드 복권, 로또 복권, 블로그, 싱글,
정글, 미니급, 비밀병기, 이종 격투기,
게임머니깡, 느끼남, 스폰남, 이혼남,
플래너, 파티 플래너, 헤어디자이너, 톱디자이너,
섹시녀, 스폰녀, 신개념, 티머니,
성클리닉, 솔로부대, 엄지 세대, 월드컵 세대,
체크세대, 포스트디지털세대, 메모 홀더, 쇼핑지도,
페미돔, 스노보드, 에스보드, 제트보드,
티보드, 실리우드, 모터케이드, 티머니 카드,
그린카드, 스마트카드, 디지털 키드, 안방 펀드,
스탠딩 코미디, 디브이디, 라이스캔디, 쌀캔디,
셀프코디, 생활 스터디, 폰카메라, 패밀리레스토랑,
타이거 슬램, 악플러, 와이브로, 유로,
아웃트로, 게임론, 네오사파리룩, 글래머룩,
언밸런스룩, 매니시룩, 모즈룩, 재즈룩,
레이디라이크룩, 커플룩, 헛이름, 체험담거리,
조롱거리, 고민거리, 와이너리, 롱다리,
애교머리, 잔머리, 로열블루, 고민거리,
롱다리, 저칼로리, 가온머리, 잔머리,
커플룩, 탈락률, 불량률, 이직률,
코리안드림, 트림, 리플릿, 컬러링,
베스트셀링, 욘사마, 샵마, 기러기 엄마,

뚱꼬치마,　주테마,　레게파마,　물결 자막,

그림말,　쌈지무선망,　금융망,　디지털 치매,

요가맨,　세계맨,　파워맨,　빅맨,

안기부맨,　워치맨,　카운터맨,　엘리트맨,

헌혈맨,　마인드맵,　다이어트 프로그래머,　개그우먼,

세일즈우먼,　스턴트우먼,　플리시몹,　애묘,

전자 신문,　영상물,　골드바,　미니바,

뮤직바,　돈다발,　대폭발,　안마방,

얼음방,　잉크 충전방,　찜질방,　삼보일배,

이태백,　바게트백,　클러버,　관습 헌법,

앞벽,　대이변,　특수복,　도시농부,

예비부부,　케이티엑스부부,　월드와이드웹,　드라이브,

파세이브,　광케이블,　랜딩비,　디엠비,

엠티비,　헬스로빅,　웰빙,　노빠,

고사,　백기사,　랜드 기사,　독서 치료사,

체형 관리사,　정보 검색사,　코드인사,　가정사,

가족사,　태반 주사,　필생필사,　가정 간호사,

탈부도산,　원정 출산,　불화살,　열탕 현상,

개새,　연베이지색,　의붓동생,　지망생,

웨지 샷,　텍사스 웨지 샷,　벨리 댄서,　신질서,

시야장애석,　재경선,　고고익선,　해프닝성,

코미디성,　코믹성,　무알콜성,　스타성,

포르노그라피성,　모듈라셀,　라셀, 미션,　인터미션,

윈도섹션,　시뮬레이션 액션,　내비게이션,　리디노미네이션,

글로머레이션,　하이퍼인플레이션,　코카콜러니제이션,　퍼뮤니케이션,

매지션,　뒤쿠션,　패스트패션,　홈패션,

팩션,　셀프작명소,　올챙이송,　멀티숍,

스타 지수,
메카트로닉스,
스쿨 폴리스,
마일리지서비스,
왁스,
생과일주스,
모빌오피스,
실버택시,
퓨전식,
북크로싱,
사이버콘드리아,
노웨어,
헤어매니큐어,
유니폼사원,
인플레율,
비가족주의,
추어데이,
기적둥이,
상처투성이,
악플 폐인,
엑스게임,
무경험자,
헬스장,
지행장,
음모적,
물량주의적,
숫자적,

빌딩숲,
부비댄스,
힐리스,
사스,
나이스,
유비쿼터스,
텔레크라시,
안심택시,
다이어트식,
피싱,
입양아,
그룹웨어,
에코투어,
골드키위,
통화 연결음,
수건걸이,
파이데이,
비보이,
야오이,
폐인,
선곡자,
최신작,
선전장,
스폰 매니저,
인종 파별적,
근본주의적,
국민 경제적,

핫이슈,
나이트댄스,
브릭스,
사이버섹스,
사이버스페이스,
디톡스,
야마카시,
플라이피시,
맨주먹정신,
퍼즐마니아,
세정액,
아트웨어,
컴패니언,
카놀라유,
누드주의,
구구데이,
파파데이,
사이,
템플스테이,
보드 게임,
곰형 투자자,
처녀가장,
아파트장,
미스터리적,
대중음악적,
엘리트주의적,
기브앤드테이크적,

헤딩라인 뉴스,
서비스레지던스,
티커머스,
가상섹스,
투잡스,
스툴스,
산모택시,
홈피시,
야사심,
영화마니아,
영상미디어,
노스탤지어,
슈퍼파워,
별거율,
우월주의,
삼겹살데이,
핀데이,
영문자투성이,
포토라인,
모바일 게임,
황소형 투자자,
매립장,
오토캠핑장,
카리스마적,
몽골리언적,
시인적,
일탈적,

페미니스트적, 반페미니스트적, 완결판적, 후진사회적,
캠버전, 중앙버스전용차로제, 향미제, 항불안제,
그린 주차제, 임금 피크제, 온라인 우표제, 고공족,
케이티엑스 통근족, 청계천 조깅족, 인터넷족,
스노족, 피크닉족, 캔들족, 댄디족,
배터리족, 그림족, 실버족, 웰빙족,
오토바이족, 국제족, 셀카족, 디카족,
폰카족, 프리터족, 키덜트족, 데이트족,
스펙족, 그린존, 도명 계좌, 컬러렌즈,
서클렌즈, 아쿠아슈즈, 드로어즈, 비시즌,
핫시즌, 네티즌, 프로기즘, 귀차니즘,
피디저널리즘, 랙티비즘, 네카시즘, 스팸 메시지,
미니홈페이지, 홈페이지, 오토캠핑지, 로라이즈진,
고당질, 고화질, 해적질, 미니갈비집,
아쿠아짐, 귀찌, 미니창, 노퍼니처,
자투리천, 오피스텔촌, 아파트촌, 부비부비춤,
어그부츠, 더비 매치, 파우치, 미끼정치,
커리어 코치, 원투 펀치, 미란다원칙, 세라믹침,
금연침, 만능칩, 브이칩, 스트레칭,
시뮬레이션 피칭, 디카, 셀카, 폰차,
플라잉캠, 네티켓, 시트콤, 레이싱퀸,
뒤트렁크, 하이퍼링크, 디지털비디오디스크, 레일바이크,
오일테크, 워터파크, 프라이빗뱅킹, 패셔니스타,
바리스타, 간판스타, 실버시터, 애니메이터,
윈텔, 개호텔, 롤링호텔, 스켈레톤,
슈퍼노트, 니트, 에듀테인먼트, 보행벨트,
귀차니스트, 일러스트, 헤드레스트, 청미니스커드,

핸디코트,
멀티히트,
골반팬티,
서울라이트,
콤팩트관,
휴대폰스팸,
사이버카페,
대포폰,
피디에이폰,
팬픽,
무공해,
로컬화,

다이어트 컨설턴트,
버블티,
풋프린팅,
테라바이트,
폰팔,
그린키퍼,
드레스카페,
마침표,
하이파이브,
스카이서핑,
아시아화,
네트워크화,

스턴트,
테마파티,
팬아트,
사이트,
인간방패,
애견 카페,
대개편,
리필제품,
브이브이아이피,
스와핑,
초소형,
생필품화,

초히트,
코슈튬 파티,
네온라이트,
래프팅,
큐팩,
사이버넷카페,
나포,
로밍폰,
핌피,
허무 휴학,
스포츠화,
초호화